大数据背景下会计管理与信息化创新发展研究

马丽娟　著

哈尔滨出版社
HARBIN PUBLISHING HOUSE

图书在版编目（CIP）数据

大数据背景下会计管理与信息化创新发展研究 / 马丽娟著. -- 哈尔滨 : 哈尔滨出版社, 2025. 1. -- ISBN 978-7-5484-8090-7

Ⅰ. F232

中国国家版本馆 CIP 数据核字第 2024B14T29 号

书　　名：大数据背景下会计管理与信息化创新发展研究
DASHUJU BEIJING XIA KUAIJI GUANLI YU XINXIHUA CHUANGXIN FAZHAN YANJIU

作　　者：马丽娟　著
责任编辑：刘　硕
封面设计：赵庆旸

出版发行：哈尔滨出版社（Harbin Publishing House）
社　　址：哈尔滨市香坊区泰山路 82-9 号　　邮编：150090
经　　销：全国新华书店
印　　刷：北京虎彩文化传播有限公司
网　　址：www. hrbcbs. com
E - mail：hrbcbs@yeah. net
编辑版权热线：（0451）87900271　87900272
销售热线：（0451）87900202　87900203

开　　本：787mm × 1092mm　1/16　印张：10　字数：219 千字
版　　次：2025 年 1 月第 1 版
印　　次：2025 年 1 月第 1 次印刷
书　　号：ISBN 978-7-5484-8090-7
定　　价：62. 00 元

前　　言

随着时代的发展和社会的进步，我们已经迈入了大数据时代。在这个时代，大数据不仅带来了海量的数据资源，更重要的是揭示了隐藏在这些数据背后的诸多秘密和规律。这些数据的积累基于互联网技术的快速发展、各类社交软件的广泛应用，以及人类对社会规律的不断探索。在新的历史发展环境下，人们借助大数据深入了解自我和社会，但这也仅仅标志着大数据是推进人类社会发展与进步的新起点。实际上，随着我们掌握越来越多的时代发展数据，就能够从中挖掘出更多具有社会价值的信息，并将其应用于各个行业领域之中。互联网时代为各行各业带来了创新思维，尤其是在企业财务管理方面，通过信息化发展形成了新的财务管理模式，并且推动了会计管理的信息化进程，这对于提升财务管理的质量至关重要。

本书探讨了大数据背景下会计管理与信息化创新的发展。首先，本书对大数据理论进行了详细介绍，帮助读者建立对大数据的基本认知；随后，阐释了会计管理理论基础知识、会计管理模式与风险控制等内容，并对财务会计的资产管理、财务会计负债及所有者权益管理、内部会计控制等进行了详尽分析；此外，还特别讨论了大数据背景下的会计信息化。最后，本书研究了大数据背景下会计信息化创新发展。

在本书的撰写过程中，作者参考了大量的相关书籍和研究论文，并提出自己的见解，力求从一个全新的视角为读者呈现相关内容。然而，鉴于个人的知识水平和文字表达能力有限，书中难免存在疏漏与不足之处。因此，恳请广大读者不吝赐教，提出宝贵的意见与建议，以便于后续的修订和完善工作。

目　　录

第一章

大数据理论

第一节　大数据概念

一、探究数据

（一）数据的本质

数据是客观反映事实的数字和资料的集合，它以有意义的实体表达事物的存在形式，是知识的字符集合。从性质上区分，数据分为定性数据和定量数据：定性数据描述事物的属性，而定量数据则反映事物的数量特征。在表现形式上，数据包括数字数据和模拟数据，模拟数据进一步细分为符号数据、文字数据、图形数据和图像数据等。

在计算机科学中，数据具有特定的内涵，它指的是所有可以输入电子计算机中的字母、数字和符号，这些数据能够被程序处理，是信息系统的基本组成部分。数据能够被记录或传输，通过计算机的外围设备在物理介质上被接收，然后通过计算机处理得到结果。计算机系统的每个操作都涉及数据的处理。对数据进行分析，识别其主要特征，涉及数据的分类、采集、录入、存储、统计检验和统计分析等步骤。通过这些步骤，我们能够接收并解读数据，从而获得有价值的信息。

互联网和物联网是大数据的源头和承载体。互联网公司本质上就是大数据公司，其核心业务不断积累并产生大量的数据。随着智能手机和平板电脑的普及，移动设备上的应用程序能够追踪和记录无数事件，例如，应用程序内的交易数据、个人信息、状态报告等。电子邮件、文档、图片、音频、视频，以及通过社交媒体产生的数据流中，包含了大量的非结构化数据。这些数据在进行文本分析时提供了丰富的资源。此外，电子商务购物数据、交易行为数据，以及 Web 服务器记录的网页点击量日志等也是重要的数据来源。

物联网同样是大数据的重要来源。物联网设备持续采集数据，如智能电表、智能温度控制器、工厂机器和连接互联网的家用电器等。这些设备不断生成数据，并且能够自动将数据传输到中央服务器，便于分析。机器和传感器数据是物联网产生数据的典型例子。

这些数据资源，无论是互联网还是物联网产生的，都被视为大数据的金矿，并正在催生各种应用。例如，利用物联网数据可以构建分析模型，实现连续监测和预测。企业通过业务往来积累的数据，如房地产交易、大宗商品价格、特定群体消费信息等，虽然还称不上大数据，但对商业应用具有重要意义。这些数据资源易于获取和处理，在国内尤其常见。

数据正在对金融、广告、零售、物流、影视等行业产生深远的影响，并在不知不觉中改变着我们的日常生活。随着智能手机的广泛普及，以及可穿戴设备、智能家居和无人驾驶汽车等技术的快速发展，我们正被提醒，互联网、物联网、云计算和大数据等技术正在引领我们进入一个新的发展阶段——数据时代。与农业时代和工业时代分别以土地和资本为生产要素不同，数据时代的核心生产要素正是数据本身。

数据对象，也被称作样品、示例、实例、数据点、对象和元组，它们必须以软件能够理解的复合信息形式呈现。数据对象可以是外部实体、事物、事件、角色、组织单位、地点或结构等。例如，一个人或一辆车都可以被视为数据对象，都可以通过一组属性来定义。数据对象的描述包括对象本身及其所有属性。

数据集是由多个数据对象构成的集合。每个数据对象代表一个实体，其属性在数据库中体现为：行代表数据对象，列代表数据属性。例如，销售数据库可能包含客户、商店物品和销售额；医疗数据库可能包含患者和治疗信息；大学数据库可能包含学生、教授和课程信息。

数据属性指的是代表数据对象特征或功能的单个数据字段。在不同的领域，属性、维度、特征和变量这些术语可以互换使用：在数据仓库中常用“维度”，在机器学习中常用“特征”，在统计学中常用“变量”。数据属性定义了数据对象的性质，其值则定义了属性的特定特征或参数。数据属性的作用包括：为数据对象的实例命名、描述该实例，以及建立对另一个表中另一个实例的引用。此外，一个或多个属性必须被定义为标识符，即在查找数据对象的一个实例时，标识符属性被称为“键”。在某些情况下，标识符的值必须是唯一的，尽管这不是一个硬性要求。

（二）数据的功能及范畴

1. 数据的功能

在人类的生产和实践活动中，语言、文字和图形的发明帮助我们更好地描述和理解世界。然而，这些工具在表达抽象概念时存在局限性。因此，数字应运而生，成为我们改造世界的重要工具之一。数字赋予了抽象概念以具体的表达方式，例如，“很多”和“非常”多是模糊的描述，而 1000 人和 10000 人则提供了清晰的数量级。

数据在人类的生产、交换等活动中扮演着关键角色。人们发明了度量衡和货币等概念，这些发明在很大程度上推动了人类文明的发展。数据的测量产生了最早的“有根据的数字”，即数据是对客观世界测量结果的记录，它们不是随意产生的。从一开始，测量就是为了服务科学。

自古以来，测量一直是科学中的重要方法，它与科学紧密相连。通过测量得到的数据可以经过计算衍生新的数据。因此，所有数据都是人为创造的。然而，在这个阶段，数据还只具有传统意义，它与信息和知识有着严格的区分。数据携带着信息，而信息是数据的背景。当信息经过归纳和整理，展现出一定的规律性时，它就转变为知识。

20世纪60年代以后，随着软件科学的快速发展，数据库被发明出来，用于存储数字、文本、图片等所有类型的数据。这时，数据的内涵变得更加丰富，它不仅包括“有根据的数字”，还包括所有保存在计算机中的信息，如文本、图片、视频等。数据也由此成了信息的代名词，因为这些信息是对世界的记录，数据因此增加了一个来源：记录。

2. 数据的范畴

数据的范畴非常广泛，它在数据经济运行的各个领域中都扮演着重要角色。理解数据的范畴对于更好地归纳和利用数据至关重要。在当前的经济环境中，数据不仅涉及个人或私人领域的数据，还涵盖企业、公共管理部门等领域的数据，例如，气象数据、交通数据、医疗数据等，这些数据具有公共属性。公共管理部门可以通过公共渠道采集、归纳和应用这些私人领域的数据，如交通数据和医疗数据，这些数据中包含了大量的个人交通和医疗信息，同时具备公共数据的特征。

从横向范围来看，数据主要分为商业数据、工业数据、社会数据和自然数据这几类。这些数据覆盖了生产和生活的各个方面，随着经济活动的进行不断生成、流转和再生，构建了互联网上的大数据生态系统。

在纵向范围，数据的生命周期可以分为数据的生成、再生、创生和消灭这几个阶段。数据的生成是指人为创造或自然形成原始数据的过程，如个人档案数据、环境监测数据等，这些数据不依赖其他数据而产生，也称为原生数据。数据的再生是指通过清洗和加工原生数据，形成具有利用价值的新数据的过程，如人员学历构成、环境污染度排名等，这些数据也称为再生数据。数据的创生是指在原生数据或再生数据的基础上，利用数据模型进行二次深度加工，生成有创新性、有价值的数据的过程，如人口出生率预测、环境监测预警等，这些数据也称为创生数据。数据的消灭是指删除或销毁失去利用价值或已到使用期限的数据的过程。

从数据生命周期的整个过程来看，数据是一个动态发展的过程，时刻在发生变化。在这个过程中，数据会涉及不同的数据权利主体及其对应的数据权利内容。深入分析数据的生命周期，有助于确认各个环节数据的客体特征，从而更好地管理和利用数据。

二、分析大数据

（一）大数据的形成机制

通常，大数据的发展是由一种被动的驱动力推动的。无论是公司还是专业行政机构，无论其是否主动愿意，都不得不面对存储和检索大量数据的需求。大数据的产生往往是通过以下几种不同的机制：

1. 移动互联网

近年来，随着移动互联网的快速发展，各种新兴的移动应用和业务不断涌现，包括移动支付、移动搜索、移动社交、移动阅读和移动购物等。这些应用和业务不仅改变了人们的生活方式，而且产生了巨大的数据流量。这些海量的数据信息中，蕴含着巨大的潜在价值。

移动互联网大数据的积累和分析，为新兴产业和业务模式的发展提供了重要的推动力。通过对用户行为、偏好和需求的深入理解，企业和机构能够更好地定制服务和产品，优化用户体验，并发现新的商业机会。同时，大数据分析还能够帮助企业预测市场趋势，制定更有效的营销策略，提高运营效率。

此外，移动互联网大数据还为智慧城市、智能交通、健康医疗等其他领域的发展提供了支持。通过对交通流量、环境监测、公共安全等数据的收集和分析，可以为城市管理和服务提供更智能的解决方案。

总之，移动互联网大数据已经成为推动社会进步和创新的重要力量，其价值和潜力正在被越来越多的行业和领域所认识和利用。

2. 物联网

物联网的目标是把所有的物体都连接到互联网，并把物体虚拟化，大量的数据上传之后自然就是大数据了。物联网与大数据有着密不可分的关联性。

3. 云计算

云计算通过构建由计算机集群组成的数据中心，以服务的形式向用户提供资源。用户可以根据自己的需求购买相应的云计算资源。虽然云计算与网格计算共享着相似的目标，但它们在一些关键方面存在明显的区别：

弹性：云计算具有高度的弹性，能够根据工作负载的需求动态分配资源。部署在云平台上的应用能够及时响应资源的变化，实现资源的最优利用。

资源共享：与网格计算注重异构资源的共享不同，云计算侧重于大规模资源池的共享。通过共享资源，云计算提高了资源的复用率，有助于降低整体的运行成本。

经济成本：在云计算的设计和实施过程中，经济成本是一个重要的考量因素。硬件设备和软件平台在设计时，需要平衡高效能、成本、可用性和可靠性等方面的需求。

云计算与大数据的发展是相互依赖的。云计算的普及为大数据的产生提供了必要的计算和存储能力，而大数据的分析和应用又推动了云计算技术的发展。没有云计算的强大处理能力，我们无法从大数据中提取有价值的信息。随着计算能力的不断增强，人们越来越关注海量数据中可能隐藏的信息和价值。如果没有大数据的驱动，云计算的强大处理能力可能也无法得到充分利用。这两者的结合，为现代社会带来了前所未有的数据洞察和商业价值。

4. 企业

企业在日常的业务活动中不断收集和积累数据，有效的组织和管理使得这些数据能够根据需要被检索和使用。大数据技术的应用旨在简化企业的常规操作，提高数据的利用效率。这些数据不仅是企业现有业务的支撑，也是企业探索新业务机会的基础。

许多企业不再局限于单一的制造工艺或特定的客户群体，它们积极寻求新的商业机遇。通过分析和利用收集的数据，企业能够更好地理解客户的需求和偏好，从而开发新的产品或服务，开拓新的市场。例如，企业可以利用客户购买历史和行为数据来设计更符合市场需求的产品，或者通过网络渠道进行销售。

这些企业通过制定基于大数据资源的商业模式，能够充分利用其收集的数据资源，从而获得竞争优势。与传统企业不同，这些企业从一开始就以大数据为核心，作为拥有大量数据资源的企业集团的一部分。其清楚地认识到，整合和利用所属企业的数据资源是其竞争优势的关键。通过这种方式，企业能够更灵活地应对市场变化，快速响应客户需求，从而在激烈的市场竞争中占据有利地位。

（二）大数据的概念界定

大数据是一个不断演变的概念，它既可以指代超出传统数据处理能力范围的庞大数据集，也可以泛指从大量数据中提取有价值信息的技术与应用。简单来说，大数据就是指数量庞大的数据。

从狭义角度来看，大数据主要涉及处理海量数据的关键技术和它们在不同领域的应用。这包括从各种组织形式和类型的数据中提取有价值信息的能力。狭义的大数据强调的是数据规模的巨大，以至于在有限的时间内，传统的数据处理软件和方法难以有效抓取、管理和处理这些数据。此外，狭义的大数据还涵盖了海量数据的获取、存储、管理、计算分析、挖掘与应用的一系列新技术。

从广义角度来看，大数据的范畴更为广泛，它不仅包括大数据技术本身，还涵盖了大数据工程、大数据科学和大数据应用等相关领域。大数据工程侧重于大数据的规划、建设、运营和管理，是一个系统性的工程。大数据科学则关注在网络发展和运营过程中大数据的规律性，研究这些规律如何体现在自然和社会活动中，并探索其应用。

总体而言，大数据不仅是一个技术概念，它还涉及广泛的学科领域和实际应用，对现代社会的发展和进步具有深远的影响。

（三）大数据的主要特征

大数据具有以下五个方面的特征。

1. 体量巨大，种类繁多

互联网搜索技术的持续进步、电子商务平台的普及，以及社交媒体网站的兴起，正在不断推动数据内容的快速增长。如今，网络数据能够实现同步实时的收集，来自电子商务、传感器、智能手机、医疗和科研等领域的数据都能够被传输并存储到数据库中。数据总量正以惊人的速度增长，这对存储和网络基础设施的投资者来说是一个巨大的机遇。

数据类型变得日益多样化，涵盖了视频、文字、图片、符号等信息形式。大数据的核心优势之一在于其能够探索不同形态数据流之间的潜在相关性。例如，通过分析供水系统的数据与交通状况，我们可能会发现清晨洗浴高峰与早高峰时段之间存在某种相关性。同样，电网运行数据与交通拥堵的时间和地点也可能显示有一定的联系。

这种跨领域的数据关联分析为决策者提供了新的视角和洞见，有助于优化资源分配、提高运营效率，并在某些情况下，甚至能够预测和防范潜在的问题。随着大数据技术的发展，我们能够更深入地理解复杂系统中的相互作用，从而在各个领域实现更加精准和高效的管理。

2. 开放公开，容易获得

数据分析是采集大数据的核心目标。无论是政府机构还是企业组织，乃至整个社会生活和生产过程中，都存在大量的数据。例如，在电信公司中，客户电话沟通的记录累积成为数据；在电子商务网站上，消费者留下的各种信息整合起来也是数据。对企业而言，挖掘和分析这些海量数据至关重要，这不仅可以增强企业的实力，还能有效提升运营服务水平，为公司决策提供数据支撑，从而提高企业的经济效益。

此外，深入分析数据还能揭示企业发展的规律和趋势。在一定程度的规则开放性下，商业组织和政府机构越来越愿意将它们收集和存储的大量数据资源分享给社会各界和研究机构。大数据时代的一个重要特征就是数据的开放性和易获得性，这种开放的数据环境对社会产生了深远的影响。

开放的数据源不仅促进了知识的共享和创新，还为各行各业提供了新的机遇。企业和组织可以通过分析这些数据来优化产品和服务，提高竞争力，同时为社会整体的决策和发展提供了数据支持。随着大数据技术的不断进步，我们期待它带来更多的洞察和价值。

3. 重视社会预测

大数据最本质的特征就是预测。对大数据时代的企业来说，追求的目标是掌握预见行业未来的能力。

4. 重视发现而非实证

在实证研究中，研究者通常会先建立理论假设，然后在一定范围内进行随机抽样，通过定量调查来收集数据。这些数据随后被用来通过统计分析证伪或证实这些理论假设。这种方法侧重于通过有限的样本来推断总体的特征。

与此不同，大数据方法论强调的是数据本身的重要性和利用这些数据来创造新的知识。大数据不仅关注数据的量，还强调对数据的全面分析，以发现模式、趋势和相关性，从而对未来发展做出合理的预测。这种方法更注重对未知领域的探索，通过分析大量数据来发现潜在的机遇。

大数据的一个关键特点是能够处理总体数据，而不是依赖于随机抽样。这种方法允许研究者深入分析整个数据集，从而获得更全面、更细致的理解。通过这种方式，大数据可以揭示那些在传统实证研究中可能被忽视的细节和联系。

总的来说，大数据提供了一种全新的视角和方法，使我们能够从更广阔的角度理解和解释现象，发现新的知识和机遇。这种方法在商业、科学研究、政策制定等领域都显示其巨大的潜力和价值。

5. 非结构化数据的涌现

在数据挖掘的过程中，我们更加注重发现那些未知的有效信息和实用知识。大数据时代最显著的特征之一就是非结构化数据的爆炸性增长，这些数据占据了所有数据的绝大部分，大约 90%。例如，社交媒体平台如微博每天都会产生大量的数据文本，这使得有价值的信息往往隐藏在海量数据之中。

大数据技术通过分析这些海量的信息文本，能够挖掘出人们的态度和行为模式。这种分析对于满足舆情监测的社会需求至关重要，同时为企业提供了发现重大商机的可能性。通过对社交媒体数据的深入分析，企业和组织可以更好地理解公众情绪、市场趋势和消费者行为，从而做出更加明智的决策。

大数据技术的应用不仅限于社交媒体，它还能够处理不同来源的非结构化数据，如文本、图片、视频等。这些技术帮助我们从复杂的数据中提取有价值的信息，为决策提供支持，推动创新，并在各个领域中发现新的应用和解决方案。随着大数据技术的不断发展，我们有望在更多领域实现更深入的洞察和更高效的应用。

（四）大数据的主要类型

1. 依据来源不同分类

大数据依据来源不同一般分为四类：科研数据、互联网数据、感知数据和企业数据。

（1）科研数据

科研数据在众多领域有着悠久的历史，包括生物工程、天文学、粒子物理学等。这些领域的研究活动产生了大量的科研数据，但这些数据的应用范围通常较为特定，主要用于高性能计算领域。高性能计算企业利用这些数据进行复杂的数据分析和模拟，同时推动了大数据技术的发展。

高性能计算通常需要极高的计算速度和优越的性能，因此，拥有这些高性能机器的研究机构往往能够产生大量的科研数据。例如，欧洲核子研究中心就配备了大型强子对撞机，在运行过程中，它每秒可以产生高达 PB 级别的数据。

这些科研数据不仅对科学研究本身具有重要价值，也为大数据分析和存储技术的发展带来了挑战和机遇。随着数据量的不断增长，科研机构和高性能计算企业需要不断优化数据处理流程，提高存储和计算效率，以应对日益增长的数据管理需求。同时，这些数据也为跨学科的研究提供了丰富的资源，有助于推动科学发现和技术创新。

（2）互联网数据

互联网大数据的产生和发展是时代潮流的体现。近年来，社交媒体已成为大数据的主要来源之一，国际互联网企业的快速发展也加速了大数据技术的迭代更新。例如，百度和谷歌处理的数据量都达到了数千 PB 的规模，而亚马逊、雅虎、阿里巴巴等处理的数据量也突破了数百 PB。

互联网数据的快速增长得益于梅特卡夫定律和扎克伯格定律。扎克伯格定律指出，个人分享的信息量每 1 ~2 年就会翻倍。大型互联网企业不仅拥有独特的大数据生态系统，而且在一定程度上参与开源活动，并能够维护自给自足的生态系统。谷歌和 Meta 等推动了大数据技术的发展。在中国，腾讯、阿里巴巴和百度也是大数据技术发展的重要推动力。

大型互联网公司在产生大量数据的同时，还具有平台级的带动作用。例如，阿里巴巴牵头建立了数据交换平台，促进了数据的共享和流通。中型互联网公司虽然能够支持大数据技术团队，但在核心开发能力和社区贡献方面可能略逊于大型公司，因此它们倾向于外围开发、优化和运维等工作。

对于三线互联网公司来说，尽管它们拥有数据，但可能缺乏大数据处理能力。这为大数据技术和服务的发展提供了机会，例如，北京百分点科技集团股份有限公司为电商网站提供个性化推荐和营销分析服务。整体来看，不同规模的互联网公司都在以不同的方式参与大数据的生态，推动着大数据技术的发展和应用。

（3）感知数据

在移动互联网时代，移动设备的感知功能变得越来越强大，这使得基于位置的服务和移动设备的感知能力日益增强。感知数据的数量正在迅速增长，其规模与社交媒体产生的数据量相当，甚至可能更大。

例如，重庆市曾计划实施一个平安城市项目，该项目预计部署 50 万个摄像头。这样的规模意味着其数据存储需求将达到数百 PB 的级别，与一些世界级互联网公司的数据存储规模相当。这表明，随着移动设备和城市基础设施的智能化，感知数据正在成为大数据领域的一个重要组成部分。

这些数据不仅包括位置信息，还可能包括环境监测、交通流量、公共安全监控等，为城市管理和服务提供了丰富的实时信息。随着物联网技术的发展，越来越多的设备和传感器被连接到互联网，进一步增加了感知数据的量和种类。

这种数据的增长给数据存储、处理和分析技术带来了新的挑战，同时为大数据应用提供了新的机会。企业和政府部门需要开发更高效的数据处理解决方案，以充分利用这些数据，提高决策的质量和效率，同时为公民提供更好的服务和安全保障。

（4）企业数据

企业可以通过物联网技术收集大量的感知数据，这些数据与传统的企业数据有所区别。传统上，企业数据被认为是由人产生的，而感知数据则通常由机器、传感器和标识等设备产生。企业数据可以进一步细分为外部数据和内部数据。企业外部数据不断吸纳社交媒体的数据，而企业内部数据不仅包括结构化数据，也包括非结构化数据。

随着时间的推移，早期的电子邮件和文档文本已经发展为包括音频、视频、图片和模拟信号在内的多种形式，形成了社交媒体与感知数据的混合体。企业数据和感知数据在某些方面具有相似性，它们都与传统产业相关，并且在经济总量上往往超过互联网产业。然而，传统产业自身在处理大数据方面的能力通常是有限的，这为大数据技术和服务企业的发展提供了广阔的市场机会。

尽管如此，单一企业的大数据需求可能相对较少。目前，利用数据采集和分析来提升制造业效率的领域显示较大的发展潜力，但这属于工业物联网的范畴，而不仅仅是大数据。工业物联网侧重于通过连接设备和传感器来优化生产流程和提高效率，而大数据侧重于从大量数据中提取有价值的信息。

总的来说，企业数据和感知数据在推动产业发展和技术创新方面都扮演着重要角色，但它们在应用和处理方式上存在差异。企业需要根据自身的需求和能力，选择合适的技术和方法来最大化数据的价值。

2. 依据使用主体分类

依据使用主体不同可分为三类：政府的大数据、企业的大数据、个人的大数据。

（1）政府的大数据

对于各级政府和各个机构而言，拥有海量的原始数据是确保社会正常发展与运行的关键。政府所掌握的大数据种类繁多，覆盖了广泛的领域，包括但不限于环境保护、气象观测、电力供应等方面的生活数据；安全管理、海关监管、旅游业统计等方面的管理数据；道路交通状况、供水系统、住房情况等方面的公共数据；以及教育服务、医疗服务、信用评估和金融服务等方面的服务数据。在政府的具体部门中，虽然这些海量数据较为固定，但其潜在价值并未得到充分利用。只有通过跨部门的数据整合与综合分析，才能充分发挥这些数据的社会价值和经济效益。

基于网络智能技术的发展，现代城市正逐步转变为智慧城市。在智慧城市中，智能电网、智慧医疗、智能交通和智慧环保等领域的建设和应用均依赖于大数据的支持。可以说，大数据构成了智慧城市的基石。通过大数据分析，智慧城市能够获得有效的决策依据和支持，从而更好地服务于公众，提高城市管理效率和服务质量。

（2）企业的大数据

在当今数据驱动的商业环境中，企业的决策过程越来越依赖于数据的深度挖掘和应用。这种趋势不仅有助于企业提高利润，更是在维护客户利益、传递企业价值、增强企业影响力、节约成本，以及增强企业吸引力和市场竞争力等方面发挥了关键作用。随着消费者群体的不断扩大，大数据的应用使企业能够提供更加个性化的产品和服务，实现精准营销，这不仅满足了消费者的个性化需求，也极大地推动了市场的进一步发展。

对于网络企业而言，大数据是推动服务升级和业务转型的重要工具。它们利用数据分析来优化服务，创新产品，并定位新的业务机会。而对于传统企业，面对互联网的冲击和挑战，利用数据进行数字化转型已成为它们适应新时代、实现融合发展的必经之路。信息技术的快速进步，尤其是云计算和大数据技术的应用，不断提升了传统IT公司的产品和服务质量，使它们能够在激烈的市场竞争中保持竞争力。

此外，数据的价值正在从单一的内部数据向更广泛的、联通的外部数据转变。在这个过程中，数据已不仅仅是支撑企业内部决策的工具，而是成了一个可以跨企业、跨行业共享和利用的资产。企业间的数据共享和数据供应链的构建，不仅优化了各自的业务流程，还促进了整个行业的协同发展和创新。

在大数据时代，互联网企业和传统IT公司之间的界限日益模糊。它们通过相互借鉴、竞争和合作，共同推动了技术和商业模式的革新。这种跨界合作不仅加速了技术的迭代升级，也为企业提供了更多的增长机会。这表明，在数据丰富的未来，那些能够有效整合并利用数据的企业，将会在市场中占据主导地位。

（3）个人的大数据

在当今数字化时代，个人通过互联网和各类智能设备可以构建自己的信息中心，实时积累和管理大量个人数据。这些数据涵盖从身体健康指标（如心率、体温）到社会活动（如地理位置、购物习惯）等方面。个人有权根据自身需求，授权第三方机构合法使用这些信息来提供定制化服务。例如，医疗机构可用以监测健康状态并制订个人健康计划，金融机构则可以基于个人的经济活动数据提供财务规划和收益预测。

在这一过程中，个人数据的安全与隐私受到法律的严格保护。只有在个人明确授权的情况下，第三方才能访问和处理相关数据，并必须遵守相关的隐私保护和数据使用法规。此外，国家相关部门在法律允许的范围内，可以利用这些数据进行公共安全的实时监控和犯罪预防，但同时这种监管需确保公开、透明且全面，以保障个人权利不受侵犯。

此种数据驱动的方法为个人提供了便利，但也要求法律、技术和伦理标准的不断完善和更新，以适应不断发展的信息技术和社会需求。

第二节　大数据的使用

一、数据资源采集与转化

（一）数据资源的采集

为了有效满足企业或组织在不同管理层次上的需求，数据采集工作被分为三个层次，以确保信息的全面性和应用的深度。第一层次是业务电子化，这一层次主要集中于将传统的手工单证转变为电子形式，并电子化业务流程，以保证业务过程的透明性和数据的真实性。这不仅提升了数据质量，也为后续的数据应用奠定了基础。

第二层次是管理数据化。这一层次，企业通过前一阶段的业务电子化获得的数据，进行深入的统计和分析，从而更好地管理企业的日常运营和业务决策。这要求企业不仅仅关注业务流程的电子化，还需对企业内部信息、客户数据，以及供应链上下游的信息进行全面采集，通过建立数据集市、数据仓库等平台来整合这些信息，从而构建基于数据的全面企业管理视图。

第三层次是数据化企业层次。在这一层次，企业将数据视为核心的生产力，从中发掘和创造价值。数据采集的方向涵盖了广度和深度两个维度：广度方面，企业收集的数据不仅限于内部的结构化数据，还包括外部的非结构化数据，如文本、图片、视频、语音和物联网等信息；深度方面，除采集每个流程的最终结果外，还深入每个流程中各个节点的执行过程。这种深入的数据采集策略旨在最大化数据的潜在价值，支持更精细的企业决策制定。

（二）数据资源的转化

在现代数据驱动的商业与社会环境中，大数据技术的应用已成为企业和公共部门提升效率和服务水平的关键。这一技术主要通过以下几个阶段实现其价值：

1. 追踪

通过互联网和物联网的持续记录，大数据可以追踪并追溯消费者的购买行为、偏好、支付方式、搜索和浏览历史，以及位置信息等，形成一套完整的历史轨迹数据库。

2. 识别

在全面追踪的基础上，大数据通过定位、比对和筛选技术，精准识别语音、图像和视频等信息，这不仅提高了数据的可用性，也极大地丰富了可分析的内容。

3. 画像

通过综合不同数据源对同一主体的追踪与识别，大数据帮助形成立体的个人或企业画像，从而使广告和产品推送更加精准，同时能准确评估企业的信用和风险。

4. 预测

基于历史数据和详细画像，大数据能够预测未来趋势和行为的重复出现可能性，为决策提供科学依据，并在关键指标出现预期外变化时提供预警，从而有助于构建更为精确的风险控制模型。

5. 匹配

大数据能够在海量信息中进行精准追踪和识别，根据信息的相关性和接近性进行筛选和比对，这一功能尤其在共享经济（如网络约车、租房和金融服务）中显得尤为重要，显著提升了供需匹配的效率。

6. 优化

利用各种算法，大数据还能优化路径选择和资源配置，这不仅提高了企业内部运作效率，也为公共部门提供了节约资源和提升公共服务能力的可能。

通过这些方法，大数据不仅仅是技术的展现，它已经变成了推动现代社会和经济发展的一种基本动力。

二、大数据技术应用与发展趋势分析

（一）大数据技术应用领域

现阶段，大数据技术已经广泛应用在各行各业中，很多国家将大数据和人工智能技术相结合，使得这两项技术的优势充分发挥出来。我国当前的大数据技术发展迅猛，应用广泛，在信息管理、企业管理、电子政务、金融、制造、科研、教育、能源等领域发挥着重要作用。以下是大数据技术在我国几个典型领域的应用。

1. 在工业物联网领域的应用

工业物联网在现代制造和生产领域发挥着至关重要的作用，特别是在数据的采集和管理方面。它主要通过设备的历史数据处理和运行状态监控实现远程管理，从而提升整个工业生产的效率和安全性。在此过程中，所收集的大量数据被统称为“工业大数据”，它是进行产能分析、预测设备故障概率，以及检测产品合格率的关键信息来源。

为了有效处理和利用这些工业大数据，企业首先需要运用数据驱动技术来检测和诊断设备故障，进而优化生产设备的配置和运作。例如，通过科学的数据分析，企业可以实现工业机械的精准定位和远程监控，便捷地计算机械设备的工作时间，并及时对潜在的故障进行预警。一些企业已经有效利用工业大数据技术，并通过与高校合作，加强了对盾构挖掘机等重要设备的远程监控和故障预警系统。

此外，工业大数据在风力发电、钢铁制造等行业中也显示出其价值，通过对设备能耗的分析和运行状态的监控，这些行业提高了能效和生产稳定性。这些应用不仅提升了生产效率，还增强了工业安全性，推动了整个行业的技术进步和经济效益的提升。

2. 在用户画像中的应用

在当今网络信息时代，随着人们使用手机的时间日益增长，各类手机客户端应用如雨后春笋般涌现，涵盖了视频、音乐、新闻，以及购物等领域。尤其在使用手机购物平台时，用户的每一次商品选择都为购物平台提供了宝贵的消费者数据。这些数据通过大数据技术的数据挖掘过程被分析和应用，购物平台能够在用户下次访问时，根据其历史购买记录智能推荐相似商品。

此外，数据挖掘技术不仅限于购物习惯，它还能深入挖掘用户在各类平台上的行为模式，从而构建用户的详细画像。这种画像能够揭示用户的年龄、性格、兴趣爱好、消费水平等信息。通过进一步的分析，数据挖掘还能科学预测用户的兴趣点、特征、资产状况、消费特征、常驻城市和位置特征等，使得用户画像更加全面和精准。

这种基于数据挖掘的个性化推荐和用户画像构建，不仅极大地增强了用户体验，提升了平台的用户黏性和转化率，还为企业提供了精准的市场定位和广告投放策略，从而在竞争激烈的网络市场中生存。

3. 在医疗领域的应用

大数据技术正日益成为推动医疗行业进步的关键力量。通过充分利用数据分析和数据挖掘技术，医疗领域不仅显著提升了生产力，也不断提高了护理质量，从而为医疗事业的持续发展注入了新的活力。在我国，大数据在医疗领域的应用主要体现在两个方面：

首先，大数据技术通过对各类疾病进行科学的分类和总结，极大地促进了医疗知识的积累和专家系统的建立。这不仅提高了医务人员的工作效率，还有助于降低患者就医成本和减少就医过程中的身体负担。例如，通过大数据分析，医生可以更快地诊断疾病并提出有效的治疗方案，从而减少错误诊断和治疗延误。

其次，利用大数据技术进行远程医疗服务，医生可以实时监控患者的治疗进程，及时调整治疗方案。这种远程控制不仅提升了治疗的灵活性和效率，还显著降低了患者的住院率，使得医疗资源能够得到更优化的配置。远程医疗不仅为偏远地区患者提供了更多的医疗机会，也在全球范围内推广了医疗资源的均衡使用。

最后，大数据技术在医疗领域的深入应用，不仅改善了医疗服务质量，还提高了医疗系统的整体效率，展现出极大的发展潜力和实际价值。

4. 在教育领域的应用

随着科技的快速进步和教育改革的持续推进，大数据技术在教育领域的应用日益增多。当前，我国教育领域大数据技术的应用主要集中在三个方面：第一，适应性教学，利用数据分析来个性化教学方法，以适应不同学生的学习需求；第二，教学规律的发现，通过大数据挖掘教学过程中的规律性问题，为教学策略的优化提供依据；第三，校园信息化管理，使用大数据技术提高校园管理的效率和质量。例如，Learn sprout 系统利用大数据技术，科学评估高考备考情况，及时识别学生在学习过程中的难题，并采取早期干预措施，帮助学生克服困难，有效提升学习效率和质量。

5. 在生态系统中的应用

大数据技术在生态系统研究和管理中起着至关重要的作用，尤其是在处理和分析植被、土壤、海洋和大气等复杂的生态数据方面。这些数据类型通常包含大量信息，由于其复杂性，传统的数据分析方法难以有效处理。因此，运用大数据技术进行深入分析和处理成了必然选择。

以气象观测为例，大数据技术能够对大量的大气数据进行高效的分析。通过结合先进的数据分析系统和精确的数据处理算法，可以实现对气象数据的精准分析和处理。这不仅提高了天气预测的准确性，也优化了对气候变化趋势的理解和预测。

此外，大数据技术还能够帮助科学家更好地理解生态系统的动态变化，识别环境问题，并提供可行的解决策略。通过对大规模生态数据的集成和分析，研究人员能够观察到过去不易察觉的模式和联系，从而在保护生物多样性和应对环境挑战方面做出更有根据的决策。这种技术的应用显著推动了生态保护的可持续发展。

6. 在农业领域的应用

大数据技术在农业领域的应用主要是通过对未来市场的需求预测来指导农产品的生产。对于农民而言，他们的收入主要来源于种植和养殖，而农产品的储存通常较为困难。大数据技术能够帮助农民分析消费能力和市场趋势，进行有针对性的生产，从而避免产能过剩，减少资源的浪费。此外，大数据的应用还能促进政府更好地发挥其职能，合理引导农业生产，实现农业的可持续发展。

农业生产受到天气等自然条件的极大影响。大数据技术的应用可以提高对未来天气的预测精度，帮助农民做好自然灾害的预防，同时协助政府进行精细化管理和科学决策。例如，南京云创大数据科技股份有限公司开发了一种土壤探针，它能够监测土壤的温度、湿度和光照等关键数据，还将扩展功能以监测土壤中的氮、磷、钾等成分。这种探针的成本非常低廉，通过 ZigBee 技术建立自组织通信网络，每块土地仅需插入一根探针，便能将收集的数据通过无线网关上传至云平台，实现数据的集中管理和分析。

7. 在金融行业的应用

金融行业因其数据的丰富性、多样性和高质量而在数据应用场景中展现出极大的应用潜力。这些应用场景广泛分布在银行、保险和证券等行业中。

在银行业，数据应用主要集中于客户管理、风险控制、产品设计和决策支持等方面。例如，银行通过分析交易数据、客户数据、信用数据和资产数据等结构化数据，可以挖掘出交易背后的商业价值，优化客户服务和产品供给，同时强化其风险管理体系。

保险业则利用大数据来定价产品和个性化客户服务。通过分析客户的行为数据和外部行为模式，保险公司能够更好地理解客户需求，精准推荐车险等保险产品，从而提升客户满意度和企业收益。

证券业的数据应用则更侧重于通过客户的个人属性、资产状况、交易行为和收益数据来优化服务。例如，通过数据分析识别不同客户群体的投资行为和偏好，证券公司可以向频繁交易且收益较高的客户推荐融资服务，或向有大额资金但交易不频繁的客户提供投资咨询，以此提高客户忠诚度和公司的整体收入。

综上所述，金融行业的数据应用不仅提升了业务效率，还为客户提供了更加个性化的服务，同时增强了企业的竞争力。这种数据驱动的策略在金融市场中将继续扮演关键角色。

（二）大数据应用发展趋势

大数据行业应用的发展是一个渐进的过程，其演变可以通过技术强度、数据广度和应用深度三个维度来观察。在数据层面，发展从单一的内部小数据逐渐扩展到多源、内外交融的大数据，数据的多样性和体量不断增加。技术层面则经历了从简单的报表和描述性分析，到关联性、预测性分析，最终发展到决策性分析技术的阶段。在应用层面，传统数据分析主要辅助决策，而在大数据时代，数据分析已经深入核心业务系统，成为不可或缺的一部分。未来，生产、科研、行政等经济社会活动将普遍基于数据进行决策，推动组织向数据驱动型转变。

目前，企业通过应用大数据技术，主要实现了智能决策、运营效率的提升和风险管理的改善。这些效果不仅提升了企业的竞争力，也为整个社会经济的发展带来了深远的影响。

在调查中，企业表示将进一步从以下几个方面加大在大数据领域的投入。

1. 大数据安全防护重点将转向综合治理

在大数据时代，数据的特征发生了显著变化，企业也出现了新的运营模式。这些变化对数据安全防护提出了更高的要求。传统的数据安全防护技术已经难以适应大数据环境下的需求。目前，大数据安全防护市场还处于发展阶段，相关的安全防护投入相对较少。特别是人为因素引发的大数据安全问题尤为严重，这迫切需要我们建立一个全面的大数据安全防护体系。

未来，加强核心数据资产的归集和保护，以及构建一个有效的综合治理体制，将是大数据安全防护体系的关键。通过这些措施，可以更有效保障数据的安全，减少数据泄露和滥用的风险，从而为企业和社会的稳定发展提供坚实的保障。

2. 政府大数据将实现精确监管、便捷服务

在中国，大数据的应用已经从初期的信息化建设逐步演变为数据整合和深度应用。政府部门在这个进程中扮演着至关重要的角色，不仅负责保护数据安全，还需要有效管理海量的数据资产。政府掌握的大多数高价值公共数据，如果得到妥善利用，可以极大地提升整体运行效率。

为了适应数字经济和数字政府建设的发展需求，政府部门应该积极采用大数据技术，这将有助于在多个方面实现更精准的监管和服务。例如，在交通管理方面，大数据可以帮助优化交通流量和减少拥堵；在社会信用系统建设中，通过分析个人和企业

的数据来提高信用评估的准确性；在城市管理中，“城市大脑”项目能够实时处理城市运行中的各种数据，优化城市资源分配和应急响应；同时，在数字政府的构建中，大数据技术可以提高公共服务的透明度和公民参与度。

3. 金融大数据逐步走向安全高效、创新服务

在当前的金融领域，大数据的应用已经变得非常普遍。随着金融监管体系的不断完善，“强管控”正逐渐成为金融大数据应用的主要场景。展望未来，金融大数据有望整合更多元和多维度的数据资源，进而推出信用评估、出行服务等创新服务项目。

银行业正在不断优化其个性化服务，力求实现精准高效的服务水平。通过深入分析和解读客户的需求，银行能够更有针对性地进行业务经营和管理。此外，金融行业还能够提供新型服务如金融反诈等，这不仅增强了金融安全性，也为实体经济的资金融通提供了有力的支持。这些应用展示了大数据在金融领域的巨大潜力和价值，预示着金融行业将朝着更加智能化和高效化的方向发展。

4. 工业大数据将实现工业设备数据化、应用产品化

工业大数据主要应用于电网和离散型制造业，其中设备故障预测、智能排产和库存管理是其应用的核心领域。然而，工业大数据的应用发展仍面临一些挑战，包括高昂的解决方案成本、工业企业对数据的意识不足，以及工业互联网的盈利模式不够明确。这些因素在很大程度上制约了工业大数据应用的快速扩展。

为了推动工业大数据的进一步发展，未来需要针对更精确的业务需求，实现从定制化项目向标准化产品的转变。这将有助于降低成本，提高效率，并使工业大数据解决方案变得更加易于实施。通过这种转变，工业企业可以更好地利用大数据技术，优化生产流程，提高运营效率，最终实现工业 4.0 的目标。

5. 营销大数据将转向直接沟通、精细运营

在数字技术的辅助下，营销大数据能够实现商户与目标客户之间的直接连接，进行精准的产品和服务推广，这进一步推动了大数据在商业领域的应用。营销大数据的应用促进了营销策略从传统的“流量营销”向“精细运营”的转变。这种转变意味着在触达目标用户时，不仅能够降低成本，还能提高效率，实现更加精细化的运营管理。

通过利用营销大数据，企业可以更深入地了解客户需求和行为模式，从而制定更加个性化和有针对性的营销策略。这不仅有助于提高营销活动的转化率，还能为企业带来可持续的商业化变现途径。随着大数据技术的不断进步和应用的深化，营销大数据将成为企业实现商业成功的重要工具。

第三节　大数据的价值

一、大数据价值研究

大数据的价值体现在筛选海量数据，对其进行分析和洞察，从而获得知识，然后在发现知识的基础上发现价值，制定有效的管理方案。

（一）数据间的协同

大数据的价值实现，首先依赖于数据本身的质量和完整性。然而，现实中的数据往往分散在不同的数据源中，存在碎片化的问题。不同的数据源提供的数据可能从不同的角度、侧面和层次反映事物，每个数据源只能揭示事物的部分形态和特征。如果仅对单一数据源进行分析，很难获得对事物全貌的深入理解，这将限制决策活动的价值。

为了克服这一问题，我们必须对分散的数据进行集成和综合利用。通过归纳和协同不同数据源的数据，我们可以揭示数据之间的内在联系，充分发挥不同数据间的互补性。这样的综合分析能够提供更全面的视角，帮助我们获得对事物整体性的认识。在许多研究领域，如贫困预测、消费者偏好分析和产品销售预测等，数据集成和协同分析的价值已经得到了证实。通过这种方式，可以有效利用大数据，为决策提供有力支持，实现数据的价值。

（二）计算间的协同

大数据的价值并非直接可读，而是需要通过计算和分析才能被发掘。对于小规模或中型规模的数据，可以通过提升计算机硬件性能来增强数据处理能力，比如使用密集型计算单元或高性能计算机来提高运算速度。但在大数据环境下，数据的增长速度远远超过了硬件更新的速度，使得直接计算单一大数据源的成本变得非常高昂。

传统的小规模并行计算方法在处理大数据时显得力不从心，无论是通过流水线作业实现时间上的并行，还是通过多个处理器实现空间上的并行，都难以达到实时高效的处理效果。因此，处理大数据需要更强的计算能力和更多的计算资源。在进行复杂的大数据计算任务时，需要不断优化计算过程和工作流程设计，以有效增强计算能力，提高大数据处理的效率和水平。这包括对数据的预处理、存储、分析和可视化等环节进行优化，确保数据处理过程既高效又准确。

（三）分析间的协同

大数据在管理决策中的价值主要体现在帮助管理者制定最优的决策方案。在管理决策过程中，管理者需要通过观察、调查和实验来了解管理对象，描述其行为特征，揭示行为规律，解释行为原因，预测行为变化，并据此采取适当的行动方案来实现管理目标。

管理决策通常涉及四种类型的分析：描述分析、因果分析、预测分析和决策分析。其中，决策分析尤为关键，因为它确定了将大数据转化为实际价值的具体行动方案。正确的行动方案是大数据实现其价值的重要保障。

然而，在传统的管理决策过程中，这四种分析往往被割裂，独立进行，这种方法是不科学的，因为它不能充分利用所有有价值的数据，也没有重视分析之间的逻辑联系和耦合机制，这可能导致无法制定全局最优的管理决策。

为了解决这一问题，一些学者提出了从预测分析向处方分析或规范分析转变的观点，并得到了学术界和业界的广泛认可。研究表明，与传统的两阶段模型（先预测需求分布，再优化订单量）相比，基于处方分析的大数据驱动机器学习模型在节约成本方面有显著效果，能够节约大约23%的成本。此外，将需求分布预测与动态定价决策整合在同一个模型中，对产品定价也产生了积极的影响。这种整合方法有助于全面利用数据，科学制定管理决策，从而实现大数据的最大价值。

（四）人机间的协同

在基于大数据的管理分析过程中，人的参与是至关重要的。这种参与不仅从选择数据开始，还贯穿于决策过程、决策质量控制、评估决策效果等环节，覆盖了整个管理流程。为了使大数据更好地支持管理决策，需要将人的智能与机器智能相结合，提高决策的可解释性。

一些学者指出，虽然大数据在解决全球问题方面具有潜力，但它并非是万能的。大数据算法可能产生不可预见的结果，存在缺乏验证、有偏见的算法和监管不足等问题。因此，应更加重视在大数据应用中发挥人的作用。

在大数据分析中，机器智能目前还难以对数据集进行高层次的语义理解，挖掘出新的模式。例如，在数据选择阶段，收集那些无法解释的数据可能会带来负面影响。为了提高数据的预测能力，一些研究人员采用众包方式来选择数据；为了提升文本语义理解的质量，有的研究人员使用众包标注数据主题；还有研究人员验证了众包标注社交媒体传播中的消息质量能够有效抑制假消息的传播。

此外，人在主观经验、直觉和洞察力等方面具有机器智能难以比拟的优势，尤其是在解决非预见性问题时，这些优势显得尤为重要。因此，人机协同能够将机器智能和人的智能的优势互补，进一步挖掘出大数据中隐藏的更大信息价值。通过这种协同合作，可以利用大数据为管理决策提供更全面、更深入的支持。

二、大数据应用价值

（一）大数据的时代价值

大数据作为一种特殊的数据集合，具有几个显著的特征：它包含的数据量巨大，类型多样，存取速度快，并且具有高应用价值。大数据的发展速度迅猛，它能够对海量、来源广泛、格式各异的数据进行采集、存储和深入分析，从而发掘新知识、创造新价值、提升新能力。事实上，大数据已经成为新一代信息技术和服务业态的重要组成部分。

随着大数据的重要性日益凸显，它已经成为全球主要国家新兴的战略重点。科技界、产业界和政府部门都对大数据的发展给予了极大的关注。发达国家尤其重视大数据的发展，将其视为在新一轮产业竞争中取得优势的关键手段，并将大数据的发展提升到了国家战略的高度。这导致大数据思维和理念逐渐成为全球战略思维的新常态。在新一轮产业革命中，许多发达国家已经提出了自己的大数据战略，以期在这一前沿领域占据领导地位。

（二）大数据的社会价值

大数据分析技术在确保社会稳定性和健康发展方面扮演着关键角色。它不仅能够提高数据处理的智能化水平，还能迅速、准确地从海量数据中提取关键信息。这种技术的应用增强了社会对多元信息的包容性，对社会的健康发展起到了支撑作用，成为社会稳定的重要保障。

在推动社会主义事业发展的过程中，大数据技术的应用有助于实现社会成果的共享，确保所有民众都能享受到发展带来的益处。政府、企业和公众可以利用大数据技术，比如在电力、生物、生态等领域，来提升贫困群体的生活质量，帮助其摆脱贫困，促进社会的全面发展，提高人民生活水平，实现共同富裕，推动社会主义事业向前发展。

对于政府部门而言，大数据技术的应用可以提高服务效率，避免因信息不透明导致民众需求得不到满足。通过科学分析民众的实际生活状况，政府能够更准确地把握民众需求，为制定符合民众期望的惠民政策提供真实、准确的数据支持。这有助于解决民众面临的社会问题，提升政府的公信力。

同时，大数据技术还能帮助政府部门实时、准确地监督工作人员的行为，防止失职、渎职等违法乱纪行为，保护民众利益，维护政府的执政能力和威信。这有助于政府部门进行自我监督，完善社会监督体系和相关制度，进一步提升政府的自我监督能力。

（三）大数据的产业价值

1. 提高处理信息数据的效率

对于企业和其他组织来说，要想从大量采集的信息数据中获取更多价值和效益，关键在于利用已经完成处理流程的大数据分析。效益是大数据价值实现的核心要素之一，确保大数据的高效益性对于提升社会各群体的体验感受至关重要，也有助于推动各类机构和部门的健康发展。

在当前社会，电子商务的迅猛发展已经深入人们的日常生活，并对信息流、物流、资金流等产生了深远影响。电子商务不仅自身发展迅速，还与许多新兴行业和传统行业的转型发展密切相关。因此，企业及相关组织和部门需要处理的信息数据量巨大，这就需要其提升信息处理的速度。这为大数据分析技术的广泛应用提供了广阔的空间。

此外，大数据技术还可以用于整理地方基础设施资源，提升物联网的大数据应用性能。通过大规模、高效率推动信息技术设备和人工智能技术的发展，可以进一步提高物联网的运转效率，降低物流企业的业务成本。这些应用不仅提升了企业的运营效率，也为整个社会的信息化和智能化发展做出了贡献。

2. 推动产业转型升级

大数据的兴起不仅推动了知识经济和网络经济的快速发展，还催生了新的经济模式。这些新兴经济模式中信息化和智能化的广泛应用，为产业融合提供了动力。大数据的应用有助于推动产业的转型升级。

尽管我国企业的生产管理水平在近年来有所提升，但仍存在一些不足，如精细化和精准化程度不高，未能深入全行业产业链的各个环节，提升生产管理水平。不同产业、企业之间，甚至同一产业、企业内部的不同子系统之间联系不够紧密，导致资源浪费，未能实现规模效应，达到产业发展和企业效益的最大化。

以制造企业为例，企业在生产管理销售全流程中涉及的数据内容丰富多样，包括经营、运营数据、客户数据、产品设计、研发和生产数据、机器设备数据等内部数据，以及社交数据、合作伙伴数据、电商数据和宏观数据等外部数据。目前，企业在业务流程改进和提升方面利用了内部信息数据，而对外部数据的开发利用相对较少。对大多数企业来说，尚未实现内外部数据的打通和整合，内部数据标准化程度不够，“信息孤岛”现象仍然存在。

大数据时代的到来为企业提供了新的机遇。从产品设计和研发开始，利用大数据技术可以直接对接消费者，赋能企业生产的全过程。这不仅可以提高生产管理的精细化和精准化水平，还可以促进产业链各环节的紧密联系，实现资源的优化配置，提升产业规模效应，推动企业实现效益最大化。

数据产业是基于网络空间数据资源的开发和利用而形成的产业。它涉及从网络空间获取数据，进行整合、加工和生产，以及数据产品的传播、流通、交易，还包括相关的法律和其他咨询服务。随着数据量的不断增长，人类处理和分析数据的能力也在不断提升。

目前，人类已经能够利用卫星、遥感等技术手段来监控和研究全球气候变化，这大大提高了气象预报的准确性和长期预报的能力。通过对政治经济事件、气象灾害、媒体/论坛评论、金融市场、历史等数据的整合分析，我们可以发现全球市场波动的规律，捕捉到获利机会。

在医疗健康领域，通过汇总就诊记录、住院病案、检验检查报告等医疗数据，结合医学文献、互联网信息等，可以实现疑难疾病的早期诊断、预防和发现。这有助于制定有效的治疗方案，监测不良药物反应，评估医学诊断的有效性，防范医疗保险欺诈和滥用，为公共卫生决策提供支持。所有这些成就都是数据资源开放和利用的结果，展示了数据产业在推动社会进步和改善人类生活方面的重要作用。

第二章
会计管理基础知识

第一节　会计管理概述

一、会计管理基础

（一）会计管理的意义

企业的持续发展与会计管理工作紧密相关。合理的会计管理模式能够帮助企业降低投资成本并增加利润。会计部门定期向企业管理者提供会计信息对管理者做出明智决策具有重要作用。会计作为企业管理的基础工作，其重要性不言而喻。如果管理者未能充分重视会计工作，可能会阻碍会计职能的发挥，进而影响企业的整体发展。

通过会计信息，企业可以明确发展方向，并制订切实可行的计划。会计工作不仅影响企业资源的合理配置，还能通过优化资金使用，实现成本效益最大化，从而帮助企业在市场中占据优势。因此，会计在企业发展过程中扮演着至关重要的角色。企业管理者需要规范会计工作，及时反映企业经营状况，降低成本，提升管理水平。这不仅能增强企业的竞争力，还能为企业的长远发展奠定坚实的基础。

会计管理是指在经济体制下，对企业会计实务进行管理和组织的方式。会计管理工作应与经济发展需求相适应，但目前我国会计管理与经济体制的适应性调整比例较低，显示出会计管理改革滞后，无法满足新经济体制的发展需求，甚至对经济发展构成阻碍。

具体分析如下：

1. 组织层面

会计管理主体与被管理对象之间存在脱节。会计管理的主体通常是财政部门，而被管理对象是各级会计工作人员。由于财政部门与会计从业人员分属不同的主体，导致两者之间的联系不够紧密。这种脱节使得财政部门难以有效分配和考核会计管理任务。

2. 利益约束层面

财政部门与会计从业人员的利益关系分离。财政部门代表国家政府的利益，而会计从业人员的利益与所在企事业单位的经营状况相关。调查显示，会计从业人员在维护国家利益与单位利益之间，更倾向于维护单位利益，这可能导致偷税漏税现象，损害国家利益，引发国有资源流失。

3. 管理方法层面

缺乏一套完善的会计管理方法，会导致会计管理工作出现混乱。这种混乱不仅影响了会计信息的准确性和可靠性，也影响了国家宏观会计目标的实现。

综上所述，我国会计管理工作需要进一步改革和完善，以适应经济发展的需求，防止国有资产流失，确保国家经济的健康发展。

（二）会计管理的控制措施

1. 结合信息化形式进行管理

在管理会计工作时，构建一个数据库系统以实现会计信息的网络化管理是一个有效的方法。通过这种系统，可以将会计信息进行分类存储，这样做不仅可以减少在数据查找和补录上的时间消耗，还能显著提高工作效率。此外，数据库的应用还能增强数据的准确性，从而提升会计工作的整体质量。通过自动化和信息化的手段，会计人员可以更专注于分析和决策支持，而非烦琐的数据录入和整理工作，这对于提高企业会计管理水平和响应速度具有重要意义。

2. 健全企业内部监管体系

会计工作不应仅限于会计部门的职责，它更是推动企业经济发展的核心环节。为此，构建一个切实有效的监督管理体系至关重要，这不仅能提升会计管理的质量，还能促进企业的深化改革。在适当时机，企业还可以考虑引入第三方专业机构，对会计管理工作进行全面监管。这样的做法可以为企业提供更为客观、专业的监督，确保会计信息的真实性、准确性和完整性，从而实现理想的监督管理效果。通过这种方式，企业能够更好地控制风险，提升管理效率，促进企业的健康发展。

3. 会计监督机制的改革

在会计管理工作中，政府应当以立法为基石，通过适当的法规来规范会计实务。政府可以将具体的会计实务管理工作委托给相关的专业团体或机构，从而使得政府能够更专注于法律法规的制定和完善。这样做不仅有助于确保会计工作的规范性和合法性，还能提高政府对会计工作的管理效率。通过明确法律法规，企业和其他经济实体在进行会计活动时有法可依，有助于维护经济秩序和促进经济健康发展。同时，专业团体在执行会计管理时，可以灵活应对各种复杂情况，提高会计管理的专业性与有效性。

4. 提高会计从业人员的整体素质

在管理工作中，职业道德培训是首要任务。首先，通过加强职业道德培训，可以显著提高会计从业人员的专业水平和综合素质。这不仅包括专业知识的深化，也包括职业道德和责任感的培养。其次，对会计从业人员进行持续监督是必不可少的。通过分析会计工作的发展现状，可以及时发现问题并进行整改，确保会计工作的规范性和有效性。此外，全面而细致的审核管理也是关键环节，它有助于确保会计信息的准确性和完整性，预防和减少会计差错和舞弊行为的发生。通过这些措施，可以更有效地推动企业会计工作的顺利进行，为企业的稳健运营和持续发展提供坚实的基础。

5. 会计制度的制定

完善的会计制度对于明确会计部门的责任至关重要，它确保了会计管理工作能够有序进行。企业管理者应具备强烈的责任心，一旦发现问题，应立即采取行动进行整改。《中华人民共和国会计法》作为立法基础，应与企业内部制度紧密结合，以实现会计工作的规范化和法制化。

此外，会计部门需要与企业的其他管理部门密切配合，共同以企业经济发展为目标，不断对会计制度进行评估和优化。这样的持续改进有助于减少会计问题的出现，降低风险，并为企业的长期健康发展提供支持。通过这种综合性的管理策略，企业能够确保会计信息的准确性，同时提升整体管理水平和运营效率。

6. 增强会计从业人员的业务能力

随着技术进步和市场经济的快速发展，会计从业人员的业务能力需要不断提升，以适应社会的需求。企业应定期对会计人员进行专业培训，并通过引进其他单位的优秀会计人才，对本单位员工进行指导和培训。同时，企业还应鼓励会计人员深入学习理论知识，提高自身的业务技能水平，以便为企业的发展做出贡献。

在企业管理中，会计管理的作用日益凸显。企业管理者需要充分认识到会计管理的重要性，并针对存在的会计问题，采取有效的管理控制措施。通过这些措施，可以促进企业的会计工作规范化、法制化，增强会计信息的准确性和透明度，从而推动企业健康有序的发展。会计管理的有效性直接关系到企业的经济效益和市场竞争力，因此，加强会计管理是企业管理不可或缺的一部分。

（三）会计管理思想的转变

1. 会计管理动态化思想的产生

在当今社会，随着社会经济的不断发展，企业的组织结构日趋完善，等级划分越来越清晰，各部门的职能也日益明确并逐步实现分离。这种趋势要求企业各部门员工掌握计算机信息化知识，以提高工作效率。

同时，企业需要根据社会经济环境的变化灵活调整，以应对各种挑战。在这一过程中，会计管理发挥着至关重要的作用。会计管理不仅为决策者提供决策的基础和依据，还通过对企业及社会形势的深入分析，为企业决策提供准确的会计数据支持。

会计管理人员需要具备会计管理动态化思想，能够根据市场和企业内部的变化，及时调整会计管理策略，以适应不断变化的经济环境。通过这种方式，会计管理可以更好地服务于企业的发展战略，为企业的持续健康发展提供有力支持。

2. 会计管理整体性思想的改变

随着经济的持续发展，企业间的竞争愈发激烈，这使得企业的整体性作用变得尤为突出。在现代社会，许多企业采取集体化运作模式，形成了包含多个子公司的企业集团。这种模式虽然有其优势，但也可能导致一些问题，例如，子公司与总公司之间的联系不足，使得总公司难以及时了解子公司的实际情况。

为了解决这一问题，企业管理需要强调整体性思想。会计管理作为企业管理的核心，对企业未来的发展具有直接影响。因此，整体性思想的建立必须基于会计管理，通过强化会计管理，可以加强企业内部的沟通与联系，确保信息的畅通无阻。

通过会计管理，企业可以更有效地监控子公司的运营状况，及时发现并解决问题，减少因沟通不畅而造成的经济损失。同时，会计管理还能为企业提供准确的财务数据，帮助企业制定合理的战略规划和决策，从而在激烈的市场竞争中保持竞争优势，实现可持续发展。

二、会计管理质量控制

随着国内市场经济的不断成熟，企业在享受发展机遇的同时，也面临着诸多挑战。会计管理作为企业内部和外部调控的关键工具，对企业的财务收入和人事调动具有重大影响。然而，目前会计管理的质量尚有待提高，任何环节的失误都可能对企业的发展造成严重影响。

提高会计管理的质量是确保企业可持续发展的关键。会计管理的质量直接关系到企业的盈利能力，一旦出现问题，可能会对企业的资金链产生不利影响。尽管党的十九大对会计管理工作提出了进一步规范的要求，但许多企业在实际操作中仍存在诸多问题。

当前，许多企业会计管理人士对会计管理的重要性认识不足，未能充分理解其对企业资金和产品流动的直接影响。会计管理不仅能够控制企业内部的生产，还能影响外部运营，帮助企业在市场中实现最大的经济利益。遗憾的是，一些企业未能有效实施会计管理，过分关注生产而忽视了会计管理，导致会计人员的职业素质和管理规范缺失，会计管理质量下降，无法有效发挥其应有的调控作用。

企业的成本控制和核算工作都依赖于会计管理的支持。会计管理制度的不完善会影响企业的生产效率和经济效益。除了对会计管理的认识不足，部分企业管理者对相关法律法规的了解也不够，这可能导致一些人员在追求个人利益时忽视法律法规。如果这些问题得不到妥善处理，可能会对整个行业和市场经济造成负面影响，影响其协调发展。因此，企业及其会计管理人员必须认识到这些问题的严重性，并采取相应措施加以解决。

不断优化会计管理制度和规范，明确会计管理质量控制的重要性，是企业会计管理工作转型的关键。企业要提升会计管理质量，首先需要确保会计工作的制度和规范得到清晰的定义和阐释，这将增加企业在会计管理上的灵活性，促进会计工作与企业生产的紧密结合。同时，企业管理人员应充分利用可用资源，增加信息量，提高会计管理的科学性和时效性。

财务会计报表必须透明、完整、真实可靠，反映企业的财务和非财务信息，包括管理层对会计人员的调动、培训、经营业绩和发展前景等。无论是管理层还是会计人员，都应提高对会计管理重要性的认识。企业管理者应加强对会计人员的职业培训，完善管理制度，确保会计工作的顺利进行，提升管理质量。同时，专业人士需加强对国家法律法规的了解，增强法律意识，合法合规开展会计工作，以助企业更好地进入国际市场。

企业应建立适合国情的会计管理监督系统，提升会计管理质量。管理者需明确与市场经济的关系，鼓励会计人员进行管理创新，选择合适的管理方式和规范组合，以国家制度为前提，优化资源配置，提高管理效率，从根本上提升会计管理质量。通过产权制度规避不当行为，引入考核竞争机制，通过业绩考核约束管理人员，提升职业道德，维护企业利益。

加强会计队伍建设也是提升会计管理质量的关键。企业应定期对管理人员进行培训，学习现代会计理论和方法，提高工作效率。会计人员需学习国家法律法规，增强对优惠政策的认识。企业还应重视管理人员职业道德的培养，加强宣传教育，防止违规行为，促进会计管理工作的健康发展。

总体而言，企业要提高会计管理质量，必须落实会计工作的开展，加强制度建设，提升时效性。管理层和会计人员都应提高对会计管理质量的认识，建立合法监管体系，开展培训，提高职业素质，使企业更好地适应市场经济，提升经济效益。

三、企业会计管理监督体制建设

（一）完善会计监督立法

加快立法步伐，以确保企业会计管理监督体制的完善，是确保企业健康运行的根本和必要措施。确立企业会计管理监督部门在监督管理体系中的主导地位，这一点至关重要。在制定相关法律时，必须充分考虑我国当前的经济发展阶段、特点，以及国情，以制定出符合我国发展规律的法律制度。

除了立法，还应建立一套完善的执行体系，确保监督工作能够从理论走向实践，真正发挥作用。在法律的支持下，企业会计管理监督体制能够有序自主地运作，确保会计从业人员依法行使监督权。为此，我们可以采取以下措施：建立举报监督机制，提供安全的举报渠道，并对举报人给予奖励，以激励监督人员的工作热情和积极性。

这些措施可以提高会计监督的有效性，促进企业会计管理的规范化和法制化，为企业的健康发展提供坚实的法律保障。同时，这有助于提升会计从业人员的职业素养，增强他们的法律意识。

（二）增强会计人员责任意识

加强对企业负责人的教育管理是关键，因为企业负责人对会计行为负有直接责任。在对企业负责人进行考核时，会计工作的监督管理应作为一个重要项目纳入其中。只有当负责人充分认识到其重要性，监督管理工作才能以最高的效率展开。

为此，我们必须对企业负责人进行会计知识及相关法规的系列培训，确保他们能够准确理解行业具体情况，从而进行有效和合理的监管。同时，对会计从业人员进行道德素养培训同样重要，这有助于培养他们在工作中的使命感和法律意识，正确处理各种利益关系，避免违法违规行为。

提高企业会计人员的入职门槛和考核力度也是提升会计管理质量的重要措施。企业在制定岗位规章制度时，应结合自身实际情况，明确会计人员需遵守的基本准则，从而提高他们的责任感和归属感，激发其工作积极性。会计人员需要不断更新知识，提升能力，企业应支持他们参与继续教育和专业深造，以不断提升专业水平。

最后，将考核结果与绩效挂钩，对考核不合格的人员设定限期改正的要求，可以进一步促进个人提升自我要求，确保会计团队的专业性和效率。通过这些措施，我们可以建立一个更加专业、高效的会计管理团队，为企业的稳定发展提供坚实的支持。

（三）健全企业会计管理监督体制建设

第一，在企业内部，会计工作往往容易受到企业自身利益和领导层的影响，这种利益交织可能会削弱会计监督的独立性和有效性。为了提高会计工作的管理监督水平，关键在于确保会计工作的独立性，避免利益冲突。这可以通过将领导层从直接的企业利益中剥离来实现，确保他们在执行会计职责时能够保持客观和公正。

在人事任免和调动过程中，必须仔细评估候选人与现有管理层之间的利益关系，避免任命可能存在利益关联的人员。这种利益关系的解除有助于建立一个更加透明和公正的会计工作环境。实行岗位轮换制度可以进一步减少利益固化和内部勾结的风险。

为了加强这一措施，企业还可以建立一个独立的内部审计部门，负责监督会计工作和审查财务报告，确保所有的会计操作都符合法律法规和企业政策。这些措施可以显著提高会计工作的质量和可靠性，为企业的健康发展提供坚实的基础。

第二，建立和完善企业内部会计管理监督制度至关重要。这一制度的建立需要严格遵循职务分离原则，确保在经济活动中承担不同职责的人员之间不存在利益关联，从而降低内部风险。设置相互制约的机制可以在一定程度上预防违法行为的发生。

对于企业中的重大经济活动，从决策到实施的整个过程都应受到严格的监督，确保不同阶段之间存在有效的制衡。为此，企业需要制定一套全面的内部检查和控制系统，明确财产清查的范围，并建立一套合理且完善的规范体系。这些规章制度需要得到有效执行，而不仅仅是书面上的规定。

在会计电算化日益普及的背景下，企业需要迅速适应新的技术环境，及时更新监管体系，以加强会计信息的质量和准确性。这包括利用信息技术提高审计效率，实施实时监控，以及加强对电子数据的保护和审计。

此外，企业还应定期对内部会计管理监督制度进行评估和修订，确保其与时俱进，满足企业发展和市场变化的需求。通过这些措施，企业能够建立起一个更加健全、高效的会计管理监督体系，为企业的稳定运营和持续发展提供坚实的保障。

第三，监督项目经费预算是确保企业资金合理使用的关键环节。首先，必须对每个项目的预算进行细致的成本核算和审查，以确保预算的合理性和准确性。这包括对项目的各项开支进行严格的评估，防止预算超支。其次，对于科研经费等特定类型的经费使用，需要明确每笔费用的具体用途，确保每一笔支出都是合理和必要的。对于任何不明确或不合理的支出，应及时进行纠正，并根据需要调整总经费。再次，即使项目经费预算已经通过了前期的严格审查，也不能忽视对实际使用过程的监管。监管应该贯穿于经济活动的整个流程，确保资金使用的透明性和合规性。最后，建立严格的审批制度，对报账的合理性、合格性和真实性进行仔细核查。对于任何虚假报账或乱报现象，必须进行严厉的查处和惩罚。

第四，构建一个完善的管理监督体系对于确保会计工作的独立性和公正性至关重要。会计人员在进行经济活动时，可能会受到上级领导的影响，这可能导致腐败和违法行为。因此，在制定会计管理监督制度时，必须重视保障会计人员工作的独立性，确保会计职能的有效发挥，从而预防违规行为。

企业领导者与会计人员之间的利益关系需要得到平衡和监督，这是企业健康发展的关键。除了加强内部管理监督体系，企业还可以通过分离人员任命和企业利益来减少利益冲突。此外，建立会计人员之间的互补和相互制约关系，有助于防止会计舞弊和违法行为。

为了提高监督体系的有效性，工作体系和监督体系的透明化至关重要。需要明确财产清查的范围，简化监督流程，降低管理监督的复杂性。这些措施可以确保监督体系能够迅速有效发挥作用，提升企业会计管理的质量和效率。

总之，建立健全的管理监督体制可以增强会计工作的独立性，预防和减少腐败行为，促进企业的长期稳定发展。

（四）加强综合监督执行力度

为了提升会计管理监督的效率和效果，必须加强综合监督执行力度，并持续提高相关部门的监督能力和水平。在实施会计管理监督时，《会计基础工作规范》应作为基本的指导原则，确保监督工作有法可依、有章可循。

同时，各企业应根据自身的实际情况和工作特点，深入分析自身在会计管理监督中存在的不足和盲区。查漏补缺并有针对性采取措施，可以逐步完善管理监督体系，提高监督工作的针对性和有效性。

在监督过程中，对于那些尽职尽责、严格遵守规章制度的职工，应当实施表彰和奖励制度，以激励更多的员工积极参与和支持监督工作。相反，对于那些违法乱纪的人员，必须依法依规进行严格的处罚，以维护监督制度的严肃性和权威性。

在加强执法监督的过程中，审计、财政和税务三个部门应合理分工，形成合力，以提高监督的效率和效果。企业在预算执行、计划完成和财务收支等方面应受到严格的监管，确保财务活动的合规性。

财务监督的核心应集中在本单位会计信息的质量上，进行细致的核查和评估。作为企业工作体系的核心，财务职能部门应主动承担起内部管理监督的责任，确保财务数据的真实性、准确性和完整性。各部门会计信息的汇总不仅对企业自身的决策和运营至关重要，也会对社会经济秩序产生深远的影响。

税务监督也是监督企业的重要手段之一，主要任务是核查纳税人是否依法履行纳税义务。税务监督可以确保税收法规的执行，防止偷税漏税等违法行为，维护税收秩序和公平竞争。

总之，审计、财政和税务部门的协同合作，以及企业内部财务职能部门的主动作为，可以构建一个全面、高效的监督体系，促进企业的健康发展，维护社会经济秩序的稳定。

第二节　会计管理体制

一、会计管理体制概述

（一）会计管理体制的含义和内容

会计管理体制的核心内容涉及各级会计工作管理机构与下级会计核算组织之间的沟通、协调，以及在会计工作管理中的职责和从属关系。

首先，各级财政部门负责本地区会计工作的分级统一管理。在遵守国家会计法律法规的基础上，各级业务主管部门和基层单位可以根据自身的实际情况，在上级或同级财政部门的指导下，灵活组织和处理会计事务。

其次，关于会计准则和统一会计制度的制定，我国允许各地区、各部门在相应范围内制定适合本地区、本部门的会计制度或补充规定，并将这些规定报送给财政部进行备案。各单位在遵循国家会计准则、行业统一会计制度，以及地区或部门会计制度的基础上，也可以制定适合本单位的会计制度。

最后，会计人员的管理制度分为业务管理和人事管理两部分。在我国，会计人员的业务管理通常由财务部门负责，而人事管理主要由业务部门负责，确保会计人员能够高效开展工作。

这样的会计管理体制可以确保会计工作的规范性、统一性和灵活性，同时保障会计人员管理的有效性。

（二）会计管理体制的作用

会计管理体制的完善对企业乃至国家经济都具有深远的影响，具体表现在以下几个方面：

首先，一个健全的会计管理体制能够加强企业内部控制力度。它对企业会计工作的控制至关重要，有助于科学规划和执行会计任务，推动企业快速成长，达到新的发展阶段。规范、有效、科学的会计管理体制确保了会计信息的准确性和可信度，全面监控企业经济活动，增强了投资者对企业的监管能力。为了促进企业会计管理体制的发展，实现其约束力，扩大经济发展规模，企业必须从根本上控制经济活动，防止会计违法违规行为，减少不必要的经营成本。

其次，会计管理体制有利于国家的宏观调控。会计信息是国家宏观调控的重要依据。为了有效实施宏观调控，国家需要会计信息能够满足调控需求，因此对会计活动的适度干预成为必要。这意味着在制定企业会计准则时，需要以促进经济发展为目标，将会计准则的制定视为政治经济学的一部分，体现国家在经济发展中的关键作用。

最后，会计管理体制有助于协调企业内的利益关系。企业的会计信息展示了一定时期内的财务状况和经营成果，这些成果反映了经济利益关系。会计管理体制能够避免企业利益主体之间的冲突，确保企业经济活动的全面正常运行，保障企业的会计行为合法有效。这有助于企业在正常运营条件下健康发展，全面协调企业的各种经济关系。

综上所述，会计管理体制的完善对加强企业内部控制、促进国家宏观调控，以及协调企业内利益关系都具有重要作用，是推动企业健康、稳定发展的关键因素。

（三）优化和改进会计管理体制的可行措施

1. 明确认识会计管理体制的创新方向

为提升会计管理体制的合理性，从业人员和监管者需认识到未来会计管理体制创新的方向，确保专业技能与认识水平与时代发展同步，促进我国会计管理体制的持续优化。

首先，会计管理体制需适应市场经济的需求。随着社会主义市场经济制度和法律的不断完善，以及社会主要矛盾的变化，新兴的产业和技术活动要求会计管理体制能够准确衡量其价值并反映社会现状。这就要求会计管理体制更新其基础理论和技术支撑，如引入大数据技术，形成创新的会计监督机制。

其次，会计管理体制的独立性日益增强。会计管理和监督活动应独立于机构运转效率和政治影响之外，确保会计活动的可靠性和合规性，从而提高会计管理体制的独立性。

再次，会计管理体制的社会性质正在转变。会计管理体制不仅要协调企业主体的经济权利和责任，还要承担更多的社会责任，对社会和非企业经济主体负责，以维护健康的社会经济秩序。

最后，会计管理体制的全球化趋势将持续加强。这要求会计管理体制不断探索与国际优秀规范的差距，通过持续更新会计管理规范的国际内容，我国会计管理体制与全球标准接轨。

通过适应市场经济需求、增强独立性、转变社会性质，以及加强全球化趋势，会计管理体制将不断优化，为我国企业的健康发展提供支持。

2. 持续完善会计监管机制及其体系

为确保会计管理体制的科学性不断提升，关键在于不断完善企业的会计监管机制和体系。这包括两个主要方面：

一方面，企业需要不断优化内部会计监督机制。这不仅要求企业建立有效的内部监督部门，还要对会计人员的活动进行详尽的记录和监督。这涉及对会计操作的背书留底、报表编撰责任人的记录、资金审批流程的记录等，确保所有会计活动都有迹可循。此外，企业可以利用内控管理工具，加强对会计活动的权责控制和监督，实现对内部会计活动的全面监管。

另一方面，企业应拓展内外部会计信息的监督渠道。这意味着企业不仅要在内部建立会计信息监督机制，还要不断探索和引入来自企业外部的监督机制。这包括聘请独立的专业评估机构，参与企业会计工作的专业协会，以及采用透明化、程序化的信息披露方法等，以增强会计信息的可靠性。

通过这些措施，企业能够确保会计管理体制的科学性、有效性，并充分发挥其在企业管理中的实际职能作用，为企业的稳健运营和持续发展提供坚实的会计信息支持。

3. 构建适合多种经济主体的会计管理体制

会计管理模式的优化不仅关乎企业活动的反映和控制，也涉及对社会各经济主体活动的监督和反映。因此，构建一个适应多种经济主体的会计管理体制至关重要。

首先，需要持续优化非企业主体的会计管理体制。除了企业，政府机构、公益机构、社会团体和行政事业单位等，非企业单位也应不断改进或完善其会计管理制度。这有助于确保我国会计管理体制的普适性和系统性，使会计活动能充分反映和监督国民经济的现状。

其次，应健全多种经济主体下的会计管理革新机制。这需要会计行业的资深学者和专家牵头，成立创新研讨学会、调研委员会等社会团体，对不同性质的企业，如国有企业、民营企业，以及行政事业单位、公益单位等非企业性质的单位的会计管理体制进行深入研究和创新探索，以确保会计管理体制能充分适应社会经济的发展。

会计管理体制对企业主体和非企业经济主体的经济活动起着重要的监督和反映作用。如果社会经济的发展速度超过了体制优化的速度，会计管理模式可能难以发挥其应有的效用。因此，会计从业人员需要不断探索和改进会计管理体制，明确创新方向，持续完善监管机制和体系，以适应不断变化的社会经济环境。这些措施可以确保会计管理体制的有效运行，促进经济的健康发展。

（四）新经济环境下会计管理体制改革的具体策略

1. 树立现代化会计管理理念

会计管理体制的改革是一个全面而深入的过程，它不仅仅是对传统管理思想和理念的转变，而是基于现代化的理念，对会计管理的整个流程进行系统的分析和设计。

在当前快速发展的新经济形态下，企业需要摆脱传统会计管理的局限，建立与新经济发展态势相适应的良性管理理念，并以此作为会计管理决策的基础。只有将科学、高效和现代化的会计管理理念作为改革的原则，才能确保企业会计管理与长远发展目标的有效结合，并通过会计管理推动企业战略目标的实现。

因此，企业会计管理的相关人员和职能部门需要根据企业实际情况，积极探索与新经济发展趋势相符合的会计管理模式。这将有助于提升企业会计管理的现代化水平，并深化会计管理体制改革和发展。通过不断的探索和实践，企业可以建立起更加科学、高效的会计管理体系，为企业的持续发展和市场竞争力的提升提供坚实的支持。

2. 创新会计管理监控制度

会计管理监控制度的创新是确保企业会计管理体制长期有效运作的关键，也是会计管理创新工作的首要任务。企业应全面审视现有会计管理监控制度，识别并总结其中的不足之处，以此为基础进一步规范制度体系，构建全新的会计管理监控制度，实现对人员和资金的制度化管理。

首先，企业应在制度中明确规定约束和控制条款，确保会计工作的规范性。这包括明确会计人员的职责、工作流程和操作标准，以及对违规行为的处罚措施。

其次，企业需要不断加强内部控制管理力度，完善会计监控体系。通过建立有效的内控机制，企业可以最大限度地发挥其作用，提升会计管理工作的实用性，防止不规范的会计行为，提高会计管理工作的质量。

此外，企业还应定期对会计管理监控制度进行评估和修订，确保其与时俱进，满足企业发展和市场变化的需求。通过持续的制度创新和管理优化，企业可以建立起更加科学、高效的会计管理体系，为企业的稳定运营和持续发展提供坚实的保障。

3. 强化会计管理队伍建设，提升管理人员综合素养

在新经济时代，会计管理工作面临着更高的要求，这对企业会计管理工作者的能力也提出了新的挑战。企业需要提升对会计管理工作的重视，加强会计管理队伍建设和人才培养，以提高管理人员的业务和管理能力。

首先，企业应提高对会计管理队伍人员招聘和选拔的重视程度。在招聘和选拔过程中，企业应综合考虑会计管理工作的实际需求，并以企业的长期发展目标为指导原则，构建满足企业需求的会计管理队伍。同时，企业可以建立与会计管理工作现状相匹配的人才培养机制，在会计职能部门内部选拔具有管理潜力的人才，并提供专业的学习平台和培训机会，培养更多高素质的会计管理人才。

其次，企业需要培养会计管理队伍的职业精神。通过思想教育活动，强化会计人员对时代发展趋势、经济发展现状和企业实际状况的认识，他们能够将这些因素与自己的岗位工作有机结合。鼓励会计人员开展创造性的管理工作，不断提升会计工作的效率和质量，推动企业会计管理体制改革的有序进行。

通过这些措施，企业可以建立一个既具备专业能力又具有创新精神的会计管理团队，以适应新经济时代的要求，促进企业会计管理工作的持续优化和发展。

4. 细化对应的会计管理条例和细则

在新经济时代，企业会计部门的创新和改革对于提升其自主性和工作效率至关重要。创新管理体制有助于增强会计工作的有效性，使会计管理更加高效。

首先，企业应以《中华人民共和国会计法》和《企业会计制度》为依据，制定合理的会计工作条例和细则，确保会计工作的合法性和规范性。在推进改革的过程中，企业需要深入调查实际状况，树立全局观念，提升会计部门的前瞻性。在日常工作中，应贯彻企业发展观，对现有的会计管理条例和细则进行改革，使其成为会计管理人员日常工作的直接依据，从而不断规范会计管理体制。

其次，企业管理层需要充分认识到会计管理体制改革的重要性和迫切性。他们应将新经济背景对企业会计管理的影响作为改革的直接依据，并结合企业会计管理工作的实际需求和特点，进行优化和改革。这将有助于企业在激烈的市场竞争中保持竞争力，并实现长期发展。

通过这些措施，企业可以不断优化会计管理环境，提升会计行为的规范性，提高会计管理工作的效率和质量。这不仅有利于企业在市场中的竞争力，也为企业的有序发展提供了坚实的基础。总之，企业必须不断创新和改革会计管理体制，以适应社会发展的整体趋势，满足企业发展过程中对会计管理工作不断提升的需求。

二、会计管理体制创新与会计信息质量

（一）会计信息质量特征

会计信息的质量对于企业决策和经济活动至关重要，其特征主要包括以下几个方面：

1. 可靠性

这是会计信息最基本也是最重要的特性。会计信息必须真实反映企业的财务状况和经营成果，这是其可靠性的核心。只有确保信息的真实性，才能为决策者提供准确的指导。同时，信息的正确性和中立性也是可靠性的重要组成部分。

2. 相关性

会计信息的相关性意味着它能够为使用者提供与其决策相关的信息。不同的会计信息可能会影响使用者的决策方向和结果，因此，信息的相关性对于指导使用者做出正确决策至关重要。

3. 可理解性

会计信息应尽可能简洁、清晰、明了。财务会计报告中的信息需要易于理解，便于使用者快速把握关键信息，提高信息的使用效率。

4. 可比性

会计信息的可比性要求在同一企业的不同时间点或不同企业之间，相关信息能够进行有效对比。这有助于使用者评估企业的财务状况和经营成果，进行横向和纵向的比较分析。

通过确保会计信息的这些基本特性，企业能够提供高质量的会计报告，支持更明智的决策制定，促进企业的健康发展。

（二）会计管理体制组成

会计管理体制是一个由非正式约束、正式约束和实施机制三个关键部分组成的综合体系。

首先，非正式约束在会计管理体制中占有重要地位，涉及企业管理层、会计和审计人员的职业道德建设。在中国，社会经济生活的许多方面依赖非正式约束来维持，这些约束通常以社会习俗、职业道德等形式存在。然而，非正式约束存在局限性，如果没有正式约束的补充，一些复杂的交易成本会很高，难以实现。

其次，正式约束是会计管理体制的核心，包括会计信息质量管理的法律法规，以及企业内部相关制度和外部环境的制约。这些正式的法律法规为会计工作提供了明确的规范和标准。

最后，实施机制是会计管理体制中不可或缺的一部分。一个国家的会计管理机制是否完备，不仅取决于其正式和非正式的会计法规是否合理，更在于其是否有有效的实施机制。没有健全的实施机制，即使法律再完善，也难以发挥作用。历史上很多情况下，问题并非出在法律的缺失上，而是在于缺乏与法律法规相匹配的实施机制。目前，中国尚未建立起完全成熟和完善的实施机制，这使得法律法规的落实具有一定的

难度。

因此，要真正实现会计法律法规的有效执行，需要在加强正式和非正式约束的同时，建立起更加有效的实施机制，确保会计管理体制的完整性和有效性。

（三）会计管理体制创新的作用

会计对于企业的管理层进行决策有着很重要的意义，是其中重要的手段，以及工具。会计机构作为企业的一个职能部门，是受到企业管理层的委托来进行会计工作的，其工作的主要目的就是为企业提供服务。会计管理体制的创新能够直接影响企业内部的会计信息质量的完善，从而影响经济的发展，因此有着很重要的意义。

1. 完善会计信息内容

企业的会计管理体制是其内部经济活动管理的核心基础，对其进行创新和改进对于提升会计信息的完整性和促进企业的经济发展至关重要。在我国，许多企业的治理结构未能发挥预期效果，这不仅源于制度上的不足，也因为缺乏支持有效决策和行动的关键信息。这些信息通常由企业的自我调控系统提供。

企业的治理结构需要有效解决两个关键问题：首先，需要明确企业各利益相关方所需的会计信息类型，以便其做出明智的决策并进行有效管理，这就要求会计信息必须更加准确；其次，需要建立一个合理且有效的会计信息系统，确保会计信息能够及时、准确地满足所有利益相关者的需求。

为了实现会计管理体制的创新性改革，政府的支持和参与是必不可少的。政府应构建一个明确且完备的会计法规体系，对企业的会计活动进行规范和整改。相关部门还需对制定的规则进行清晰界定，确保企业能够遵守并执行这些规则。在此基础上，通过外部制约和限制，充分发挥税收法规体系在会计信息生成过程中的约束作用。

这些措施可以确保企业的会计管理体制更加科学、规范，从而提高会计信息的质量和企业的治理效率，支持企业的持续健康发展。

2. 改善会计信息失真

当前，会计信息失真的问题部分源于会计制度与税收制度之间的不匹配，以及税收制度本身的不完善和不健全。为了解决这一问题，需要采取创新措施进行改善。

在企业的外部约束中，法律环境尤其是税务环境的约束对企业会计行为有着重要影响。税务规则与企业会计紧密相关，对企业经营者的决策和行为产生重大影响。在我国，税务规则的实施机制尚处于较弱状态。税务规则主要由人员组织和实施，但部分税务稽查人员的专业素质不高，难以满足工作需求。

此外，一些稽查人员在执行职责时可能会受到经济效益与成本分析的影响，导致企业严格纳税并不一定能达到预期效果。为了改变这一现状，需要创新稽查人员的经济行为目标模式，改进相关制度。

这包括加大税务征管力度，强化对税务稽查的监控，提高稽查人员的专业素质，确保他们接受过正规的会计教育和培训。这些措施可以提高税务规则的执行效率和效果，减少会计信息失真现象，促进企业会计行为的规范化和透明化，为企业的健康发展提供良好的外部环境。

第三章

会计管理模式与风险控制

第一节　企业财务会计管理模式

一、新会计制度下企业财务管理模式

（一）新会计制度在企业财务管理实施中的重要作用

在当前经济环境下，企业会计管理体制的创新和改革对于促进企业财务管理理念的转变、提升财务管理人员的工作效率，以及完善财务核算流程具有重要意义。

首先，企业财务管理理念的积极转变是企业发展的重要驱动力。企业需要不断适应新会计制度的相关规定，以确保在发展过程中能够顺利应对各种挑战，实现可持续发展。获取利润和提升业务能力是企业发展的主要目标，而财务管理成为实现这些目标的关键环节。

其次，提升财务管理人员的工作效率是提高企业整体竞争力的重要途径。新会计制度的推出对财务人员的业务能力提出了新的要求，更加注重工作效率和积极性。通过科学设置财会岗位、优化工作流程，企业可以在降低成本的同时提升工作效率。

最后，提升企业财务核算流程的完善程度对于提高企业的组织能力和适应市场变化具有重要作用。新会计制度的实施关注财务核算流程的优化和再造。例如，在财务报销方面，通过实施网上报销系统，企业可以避免传统报销过程中的排队等待和差错，提高报销效率，节省人工成本。

企业会计管理体制的创新和改革应聚焦于财务管理理念的转变、财务管理人员工作效率的提升，以及财务核算流程的完善，以适应新经济环境下的发展需求，推动企业实现长期稳定发展。

（二）企业财务管理模式优化策略

1. 增强对新型财务工作的重视

在时代快速变迁中，国家推行了新的企业会计准则体系，这对企业的会计核算工作提出了更高标准，要求企业建立更全面和准确的数据资料库，这对企业发展构成了

新的挑战。

在传统财务管理模式下，一些企业对财务数据分析的重视不足，导致其对财务人员的专业素质和经验要求不够严格，使得一些资质和经验不足的员工进入财务岗位。面对这种情况，企业需要在新会计准则的指导下，积极转变观念，将财务管理工作提升到重要位置，同时增加资金和技术的投入，为财务工作的顺利开展打下坚实的基础。

通过这些措施，企业可以更好地适应新会计准则的要求，提高财务管理的质量和效率，为企业的稳健运营和持续发展提供有力支持。

2. 强化财务人员信息化技术分析工具的使用

在新会计准则的引领下，企业必须推动财务工作与信息技术的深度整合。这一变革意味着传统的、过度依赖人工完成财务分析等任务的工作模式需要转变。根据经济法规的要求，企业应将资金相关的数据纳入重点考察范围，以确保信息的实时性和准确性，同时有效减少对人力和物力资源的依赖。

具体而言，企业需要重视对财务人员资历和从业经验的评估，合理提高员工的入职标准，确保只有符合工作能力要求的员工才能从事财务工作，以保证团队中人员具有必要的综合知识。此外，企业还应加强对财务人员信息技术能力的培养，使他们能够有效整理和分析数据，提高财务工作效率。

通过这些措施，企业可以更好地适应新会计准则的要求，提升财务管理的质量和效率，为企业的稳健运营和持续发展提供坚实的财务保障。

3. 强化企业自身财务管理与控制

为确保新会计准则在企业财务管理中得到有效执行，企业需要从内部着手，加强财务管理和控制力度，建立一套科学、合理且高效的财务监控管理制度。提升企业内部人员对财务管理的认识至关重要，这包括提升资金管理的地位，确保其在各部门的实际工作中得到体现。

企业应将提高资金使用效率作为管理提升的核心目标，确保资金与使用的高度配合，实现资金利用效率的最大化。此外，企业还需加强对物资管理的控制，规范采购、使用和销售流程，确保管理制度的标准化。

采用先进的存货管理方法，如对现存货物和应收账款进行有效管理，可以帮助企业解决流动资金短缺或资金流转性不足的问题。通过这些措施，企业可以更好地适应新会计准则的要求，提高财务管理的质量和效率，为企业的稳健运营和持续发展提供坚实的支持。

4. 注重企业财务分析

企业财务分析是企业结构的重要组成部分，它要求企业深入了解资金流向，分析不同资金在不同项目中的人力、物力成本，并进行初步分析和精准把握。这不仅有助于对历史资金流向进行参考，还能对当前和未来的资金流向进行实时监测，实现财务资金的透明化管理。对不同时期的数据进行比较，可以提高财务分析决策的科学性和有效性。

新会计制度对企业的纪律条例提出了新的要求，要求企业法人和财务部门具有与时俱进的财务理念，确保企业内部财务数据的严谨性。

因此，探讨新企业会计准则下企业财务工作的开展与转变具有重要的现实意义。相关工作人员需要在了解当前企业财务工作的现状（如忽视财务分析的重要性、财务报表数据滞后、财务人员综合知识不足等问题）的基础上，提出适应新会计准则的企业财务工作发展建议。这包括增强对新型财务工作的重视程度，充分认识到传统分析方法的局限性，注重企业盈利结构的合理化，以及提高财务人员对信息化技术分析工具的使用频率。

通过这些措施，企业可以更好地适应新会计准则的要求，提高财务管理的质量和效率，为企业的稳健运营和持续发展提供坚实的财务保障。

二、会计内部控制的基本策略

（一）完善会计内部控制机制

会计内部控制机制与企业的组织结构和运营变化紧密相关。完善的会计内部控制机制能够确保会计系统内各组成部分相互关联、协调一致，从而实现企业内部控制的目标，提高企业整体运行的效率和顺畅性。

具体而言，会计内部控制机制应涵盖会计领域的所有要素，包括工作人员、资金、设备、发展计划及其实施过程等。企业应将内部控制视为一个整体系统进行管理，确保每个要素都能发挥其应有的作用，并实现各要素间的有效协作。这有助于规范会计内部控制流程，提高其在企业运营中的效率。

企业在实施会计内部控制时，可以采取以下具体措施：

1. 设立主管机构

在会计部门内部设立专门的主管机构，负责监督和协调内部控制机制的运行，确保其正常运作。

2. 制定相关法规

制定明确的法律规定和操作规程，确保企业各部门依法行事，规范操作，提高内部控制的规范性和有效性。

通过这些措施，企业可以加强会计内部控制，提升财务管理的透明度和可靠性，为企业的稳健发展提供坚实的保障。

（二）使会计内部控制机制有效运行

完善会计内部控制机制是确保企业会计工作有效性和透明度的关键。在此基础上，企业需要对会计工作进行严格的控制和监督，确保会计制度和核算的准确性和合规性。

首先，会计工作人员应具备自我监督的能力，同时，企业还应安排专业人员对会计工作进行监督，确保会计信息的准确性、合法性和完整性。这包括对会计账簿的监管，防止伪造、销毁或篡改等不当行为。

其次，企业应加强对实物资产和款项的管理力度，确保所有记录与实际相符，并按照相关规定进行处理。这有助于防止资产流失或不当使用。

再次，企业需要对资金的收入和支出进行全面监控，确保所有财务活动都在监督之下进行。一旦发现问题，企业应立即采取措施予以制止并进行纠正，以维护企业财务的完整性和合规性。

最后，企业还应重视外部审计工作，利用外部专业力量对企业的会计工作进行独立的评估和监督。这不仅有助于发现和解决内部控制中可能存在的问题，还能提高企业会计工作的公信力。

通过这些措施，企业可以确保会计内部控制机制的有效运行，提升会计工作的质量和效率，为企业的稳健发展提供坚实的财务保障。

（三）提高内部审计中的事前、事中、事后监管

在企业内部经济监督管理中，内部审计扮演着关键角色。它通过发挥审计职能，有效监督企业经济活动，提升企业内部管理水平，进而增强经济效益，为企业的可持续发展提供支持。

在执行内部审计过程中，若发现会计核算、资料记录、财产收支，以及经济活动中存在虚假、缺失、违法或失效等问题，首要任务是确保核算资料的真实性和完整性，保障企业财产安全。事前监管则侧重于对会计内部控制制度、措施及其执行情况进行监督，确保内部控制能够正常有效运作。

总的来说，会计内部控制在企业中具有极其重要的作用，是一项系统化的工程。加强企业内部管理，实施现代化管理措施，建立并完善会计内部控制体系，与外部监管相结合，并在实际操作中探索新的控制策略，可以充分发挥会计内部控制的作用，促进企业的健康发展和持续成长。

三、中小企业财务管理云会计模式

（一）云会计模式的内涵

当前学术界对于云会计模式这一新兴概念尚未形成共识。通常来说，云会计模式是大数据与云计算技术与传统会计业务相结合的产物。其核心特征在于虚拟性和网络化操作。云会计系统利用互联网进行部署和更新，企业无须在当地安装任何软件或投入大量基础设施建设。相反，企业可通过网页浏览器访问所需的会计应用程序，并将财务数据存储于云端服务器，这使得财务信息的获取变得极为便捷。

通过网络平台整合现有会计资源，云会计能够显著降低企业在会计管理方面的成本，同时提高资源管理的灵活性、安全性和效率。在国内，部分企业已经开始采用云会计服务来提升其管理水平，并更好地适应市场对于高效运作的需求。然而，我国云会计的应用尚处于起步阶段，在法律法规框架及实际应用层面均存在诸多待解决的问题。因此，深入探讨云会计模式对我国中小企业财务管理的影响，并寻找提高其综合管理效能的方法，已成为当前会计与财务领域的重要研究课题。

（二）云会计模式对中小企业财务管理的影响

从宏观层面来看，云会计模式对中小企业财务管理的影响主要体现在以下几个

方面：

1. 对财务管理理念的影响

在中小企业的财务管理中，独立自主一直是其主要特点。企业在岗位设置和财务管理上往往以自身为中心，这在一定程度上确保了财务安全，但同时限制了财务管理的优化潜力。随着经济领域合作的不断深化，中小企业需要转变这种单打独斗的模式，更加重视资源尤其是信息资源的整合。在云计算会计模式下，中小企业财务管理的发展方向应是促进资源共享，提高财务管理的效率和效果。

2. 对财务人员素养的影响

在财务管理工作中，财务人员的专业素养对企业的运营和发展至关重要。当前，一些中小企业的财务人员在云会计模式下软件操作能力上还有待提高，这使得他们难以应对新时代会计管理的挑战。随着企业的发展，财务人员需要不断适应云会计模式带来的变化，提高自身的媒介素养、信息素养，以及信息的检索和筛选能力，以更好地适应企业发展的不同阶段和需求。

3. 对企业会计运行环境的影响

在应用云会计模式的过程中，企业不仅需要在思维上进行调整，还必须优化其会计运行环境，特别是会计软件环境。为了适应云会计模式，企业需要投入资金来升级现有的会计管理软件和预警系统，这涉及硬件设施的加强。虽然在云会计模式下，企业不需要额外购买财务软件，财务管理和数据可以通过云端终端进行管理，但目前我国的云平台建设仍处于起步阶段，相关的云计算硬件和软件还不够成熟。这不仅影响了中小企业对云会计模式的信心，也对云会计的科学应用和提升财务管理效率提出了挑战。

目前，中小企业在会计信息化管理方面的硬件设施尚不完善，这限制了其应对云会计模式挑战的能力，需要在未来的发展中进行系统性的改进。总体而言，云会计模式对中小企业的财务管理理念、财务人员的综合素养，以及企业的财务运行环境都提出了新的要求，这些挑战也为中小企业优化财务管理提供了新的发展机遇。

（三）云会计模式在中小企业财务管理中的发展分析

1. 切实提升财务人员信息素养

在中小企业未来采用云会计模式的过程中，财务人员需要持续提升自己的专业水平，以适应时代的发展。一方面，其需要加强自己在云会计模式下的专业技能，企业可以通过组织岗位培训来强化这些技能。另一方面，企业还应该在岗位设置上加强对云会计监管体系的建设，以预防财务人员在工作过程中可能出现的不当行为，如监守自盗或信息造假等。这些措施可以确保云会计模式能够科学有效运作，从而发挥其最大的效用。

2. 积极健全制度体系

为了推动云会计模式在我国的科学发展和有效应用，企业和相关组织部门需要不断根据云会计的特点和中小企业财务管理的实际需求，完善制度体系，特别是加强司法保障体系。通过法律手段确保云会计模式的规范使用，并对违规行为及时进行处理，以减少可能的损失，从而优化云会计的运行环境。云会计模式对中小企业乃至整个国家的财务管理体系的优化具有深远的影响。

在未来的发展中，相关部门应基于云会计的发展趋势，制定和完善云会计管理系统的性能评估制度，以确保系统的高效和安全。总的来说，企业和个人都应不断更新对云会计模式的认识，优化相关环境，以实现云会计模式在中小企业中的广泛应用和效益最大化。

四、企业会计电子档案管理财务共享模式

（一）财务共享模式下企业会计电子档案管理的特点

在财务共享模式下，企业通过整合会计信息系统、银企直联系统、影像管理系统和资金管理系统等，实现了会计电子档案的高效管理。这种管理模式具有便捷性、实时性和高效性的特点。

首先，便捷性体现在企业通过影像管理系统扫描原始会计凭证并上传至云平台。在云平台上，会计信息系统处理这些原始凭证生成电子会计凭证，进而生成各类账表，如现金日报表、总账、明细账等，最终形成资产负债表、利润表和现金流量表等财务报表。同时，企业通过银企直联系统直接获取银行电子回单，并据此生成会计电子凭证，实现电子对账。

其次，实时性表现在原始会计凭证一经扫描上传至云平台，即可即时生成会计电子凭证，并在系统中生成各类报表，为决策提供实时数据支持。例如，在费用报销流程中，员工出差期间的消费数据能实时传输至企业云平台，员工报销时填写相关信息，财务部门核对后，数据即可传递至银行系统完成支付，同时会计信息系统自动生成相应会计电子凭证。

最后，高效性在于财务共享模式下的会计电子档案管理实现了从收集、处理到分析、利用的一体化流程，显著提升了档案管理的效率。这与传统会计档案管理相比，后者需要大量时间和人力来打印和处理电子凭证，而财务共享模式大大减少了这些工作量。

在财务共享模式下，会计电子档案管理实现了信息的一体化管理，这使得不同部门间的信息传递和共享变得更加高效。例如，当采购部门进行采购活动时，采购员在系统中生成的采购订单、采购到货单和采购发票等单据，可以迅速在财务部门和仓储部门之间传递。采购发票直接传输到财务部门的总账系统中，而采购到货单则传递给仓储部门，用于生成采购入库单。这样的流程确保了信息的实时共享和流通，提高了企业的信息整合能力。

通过这种模式，企业内部的各个部门能够及时获取所需信息，减少了信息传递的时间延迟和误差，提高了部门间的协同工作能力。这种一体化的档案信息管理不仅提升了企业的运营效率，也为管理层提供了更加准确和及时的数据支持，从而更好地支持企业的决策制定。

（二）加强财务共享模式下会计电子档案管理的若干对策

1. 加强档案管理软硬件设施设备建设

为了确保会计电子档案的安全与完整，企业需要在硬件和软件方面进行相应的投入和加强。首先，企业应设立专用的机房来保存会计电子档案，并采取防火、防水和防震等安全措施，以保护档案免受自然灾害和意外事故的损害。

其次，企业需要加大在计算机硬件和存储设备上的投资力度，引入先进的硬件设备，以满足会计电子档案管理对高性能硬件的需求。这包括高速的服务器、大容量的存储系统，以及其他必要的外围设备。

在软件方面，企业应与会计信息系统、银企直联系统、资金管理系统等软件的研发企业保持紧密联系，确保系统能够及时得到升级和更新，以适应不断变化的业务需求和技术发展。

最后，网络安全管理也是保障会计电子档案安全的关键环节。企业需要实施有效的网络安全策略，包括安装和更新杀毒软件、配置防火墙等措施，以防止计算机系统受到病毒和其他网络威胁的侵害。

通过这些措施，企业可以建立起一个既安全又高效的会计电子档案管理系统，确保档案的完整性和可用性，支持企业的长期发展和运营。

2. 实现档案信息系统接口对接

企业在实现自身系统与财务共享中心云平台的无缝对接方面面临着挑战。浪潮集团有限公司提出了一套解决方案，通过该方案，企业信息系统能够与财务共享中心云平台实现有效对接，确保了数据和信息的流畅传输。

同时，中国联通利用企业资源计划系统（ERP 系统）作为基础，对会计电子档案的文件格式和接入频率进行了规范化管理，并确立了统一的接入标准。这使得 ERP 系统、资金系统、报账系统能够与云数字档案馆系统实现无缝集成，从而确保会计电子档案能够顺利进行归档和管理。

这些措施不仅解决了信息系统对接的问题，还提高了会计电子档案管理的效率和安全性，为企业财务管理的现代化和信息化提供了有力支持。

3. 提高会计电子档案管理人员业务素质

在财务共享模式的背景下，财务部门人员的转型变得尤为重要。一些企业选择将部分财务人员安置在原岗位，而另一些企业选拔优秀的财务人员加入财务共享中心，同时将部分员工转岗到其他部门，如销售部门。对于这些留在财务部门或进入财务共享中心的人员，他们需要承担起管理企业电子会计档案的重要职责。

为了胜任这一角色，他们首先需要充分认识到会计电子档案管理的重要性，并树立正确的工作理念。他们还应认真学习《会计档案管理办法》等相关法规，不断提升自己在档案管理方面的业务能力。此外，他们还需要掌握会计工作、会计软件应用、管理系统维护，以及网络安全等方面的专业知识。只有具备这些知识，他们才能有效管理财务共享模式下的会计电子档案，确保档案的准确性、完整性和安全性。通过这样的转型和提升，财务人员可以更好地适应财务共享模式的要求，为企业的财务管理提供更高质量的服务。

第二节　会计成本精细化管理模式与会计目标成本管理模式

一、会计成本精细化管理模式

（一）会计成本精细化管理的重要性

1. 有助于提升企业经济效益

实施会计成本精细化管理有助于提高企业的整体管理效率，进而推动企业经济效益的提升。这种管理模式覆盖了广泛的部门、众多的员工和细致的流程。它不仅促进了部门间的有效协作，还增强了企业的整体工作能力和效率，优化了内部生产流程。

通过精细化管理，企业可以避免不必要的重复劳动和资源浪费，同时提高员工的综合能力。这有助于培养具有全面技能的人才，使他们能够在企业管理过程中提出有价值的意见和建议，为企业的经济效益增长做出贡献。

精细化管理模式的应用能够清晰地反映企业的管理职责和成果。职责的精细化是确保企业决策快速传达和执行的关键，而成果的明确化是企业调整和改进管理模式的重要依据。只有具备快速的决策执行能力和明确的改进标准，企业才能提高管理效率，在精细化管理中实现效益最大化。

2. 有助于降低企业财务管理风险

会计成本精细化管理对于企业控制成本支出和实现计划性管理至关重要。在经济发展的背景下，员工最低工资标准的提高导致人工成本的增加，同时原材料成本的上涨和销售渠道拓展的成本增加也不断推高企业的整体成本。如果企业的成本增长速度长期超过利润增长速度，可能会导致企业亏损，甚至面临发展困境和破产风险。

通过实施精细化的成本管理，企业能够实时监控并控制那些可能对利润产生不利影响的成本因素。企业可以及时采取成本控制措施，对成本的不利差异进行调整和弥补。此外，精细化管理还有助于企业对成本支出计划进行细化，实现更有效的成本控制。这不仅使企业能够了解资金的流向，还能降低财务风险，避免企业陷入破产的风险。

总之，会计成本精细化管理是企业在成本上升压力下保持竞争力和财务健康的关键策略。通过这种管理方式，企业能够控制成本，优化资源配置，从而在激烈的市场竞争中保持优势。

3. 有助于提升企业市场竞争力

实施会计成本精细化管理并将其融入企业文化，可以显著增强企业的市场竞争力。一方面，精细化管理通过提高经济效益，企业在市场竞争中保持优势。在市场经济的背景下，能够以相同成本实现更高效益的企业自然具有更强的竞争力。另一方面，会计成本精细化管理推动企业从单一的财务管理向全面的精细化管理模式发展，促使企业管理模式向精细化转变。

这种管理水平的提升，是竞争对手难以在短时间内模仿和实施的。因此，企业能够在行业内保持现有优势，并为经营效益的进一步提升争取更多时间，从而寻找新的发展机遇。通过这种方式，企业不仅能够巩固其市场地位，还能在不断变化的市场环境中保持灵活性和创新能力，为企业的长期发展奠定坚实的基础。

（二）优化会计成本精细化管理的举措

1. 增强会计成本精细化管理意识

在企业中推广会计成本精细化管理模式，首先需要培养全员的精细化管理意识。企业管理层作为推进精细化管理的领导者，必须具备清晰的精细化管理理念，这是确保企业能够成功实施精细化管理的关键。管理层需要打破仅通过增加收入来提升企业效益的传统思维，不应只关注销售收入的增长而忽视成本控制。

在当前市场竞争日益激烈的环境下，消费者更倾向于选择性价比高的产品。当企业无法通过提高产品价格来增加收入时，通过精细化成本管理来减少不必要的开支，可以帮助企业实现利润最大化，并在市场上获得竞争优势。

企业员工是实施精细化管理的中坚力量，他们需要增强成本管理意识，认识到成本控制不仅是财务部门的职责，而是每个员工的责任。要实现会计成本精细化管理，需要企业各部门和岗位的员工都积极参与并落实成本管理措施，树立“成本管理人人有责，从我做起”的意识。

政府作为企业实施精细化管理的坚强后盾，应提供足够的支持。政府需要提高对企业管理模式转变的关注度，并出台相关政策，支持管理型财会人才的培养，提高对管理型财会人员资格认证的认可度，以及支持高校进行综合性人才的对口培养，从而从政策层面加大对企业精细化管理的支持力度。

2. 完善企业会计成本精细化管理制度体系

企业要有效推进会计成本精细化管理，首先需要优化和完善成本管理制度体系，实现各业务环节的流程再造。在材料采购时，企业不应单纯追求价格优势，而应综合考虑材料的质量和成本效益，避免因过度追求价格优势导致材料用量和人工效率的降低。在采购过程中，企业应进行横向对比，确保在保证质量的前提下尽可能降低采购成本，同时注意避免因批量采购而导致仓储成本的大幅增加。

在生产管理环节，企业应优化内部流程，减少不必要的人员分工，整合雷同的工作环节，降低不必要的耗费。对于期间费用，可以采用作业成本法进行分配，确保成本能根据各项成本动因更准确地归集到各类产品中，精细化成本的分配流程，从而实现更准确细致的成本管理。

在实施成本精细化管理制度时，企业需要确保各项成本控制项目精细到个人，确保实施过程有迹可循，减少员工因成本精细化管理实施意识不强、责任不清而出现的惰性。各部门可设置专门的成本控制人员，监督成本精细化管理的落实，并不断探索更有效的成本管理方法。管理层也应参与精细化管理实施制度，进行充分的现金流分析，综合判断项目投资的可行性，减少机会成本的产生，确保成本精细化管理实施制度覆盖企业的各个层面。

其次，企业需要制定精细化财务核算指标，推进成本绩效考核的顺利实施。在成本核算制度上，企业应明确相应的财务指标，促使各部门协同合作，保证财务数据的真实性、准确性、及时性。在核算前，企业可以借助管理会计思想编制弹性预算，预算编制过程中要确保预算数据对周期内实际成本数据具有可用可比性。这有助于在后期成本核算时发现各部分的有利差和不利差，督促企业继续保持有利部分并改善不利部分，为企业的预算管理和精细化管理方案的调整提供数据支持。

在成本绩效考核制度上，企业可将不同部门的成本划分为可控成本和不可控成本两部分，并根据不同时期和部门具体情况进行划分。这有助于各部门进行成本绩效考核，并对企业整体的可控成本进行更好的掌控。企业还可以借助管理会计中的责任中心制度，对不同部门甚至个人采用不同的考核指标，让员工更明确自己控制成本的方向，有目的地进行工作。

最后，企业应将各项成本控制结果列入年末个人绩效考评内容，对完成结果良好的员工采取升职加薪等奖励方式激励，对完成不理想的员工究其原因，若是自身可控因素所致，则需进行相应的惩戒。这样，可以确保会计成本精细化管理模式在企业的推进得到各种制度的保障。

3. 升级改进现有信息化管理系统

企业实施精细化管理的过程中，信息化技术手段的运用至关重要，它为企业提供了强有力的支持。企业需要在完善自身技术的同时，选择和采用适合自身特点的信息化系统。会计成本精细化管理模式要求对成本进行精确细致的管理，因此，只有那些专一性强且适合本企业的信息化系统，才能提供所需的精确信息，满足企业在成本管理上的技术需求。

企业可以通过建立中央数据收集平台的信息化系统，实现数据的及时录入和流水化管理。这样做的优势在于：一方面，相比人工收集，可以大幅减少时间成本，使员工能够将更多时间投入核心工作和个人发展；另一方面，可以确保数据的完整性，降低数据丢失的风险，更好地满足企业精细化管理的数据需求。

当前，信息化系统已广泛应用于自动化录入和核算，但会计成本精细化管理模式的需求远不止于此。企业需要在自动化的基础上，进一步实现“智能化”。通过人工参与预算编制、成本控制、数据分析及反馈调整等环节，将员工的工作与信息化系统有效结合，信息系统不仅限于核算功能，而是向预算编制、成本分析等方面拓展，从而更好地服务于企业的成本精细化管理。

在经济发展的大趋势下，企业面临着转型发展的挑战。推进会计成本精细化管理模式已成为企业寻求更好发展的必经之路。这对企业而言既是机遇，也是挑战。企业需要主动把握机遇，勇于面对挑战，通过不断优化和创新，走在行业发展的前沿，避免在激烈的市场竞争中落后。

二、会计目标成本管理模式

（一）会计成本管理的发展

在会计成本管理的早期阶段，它在企业中只是辅助性的部分，并没有形成独立的管理理念。随着工业革命的到来和股份制企业的迅速发展，会计成本管理开始向规范化方向发展，以适应获取和分配股票发行资金的需求，提升分配效益。

然而，在计划经济初期，会计成本管理的目标并不是追求企业效益最大化，而是实现资源的平均分配。改革开放的推进和市场经济的快速发展，成为影响企业会计成本管理变革的关键因素。在这一时期，企业会计成本管理开始形成规模，成本管理逐渐受到重视，并在企业运营中发挥着越来越重要的作用。

会计成本管理的范围非常广泛，它不仅涉及产品研发和生产阶段的成本控制，还包括产品宣传等环节的成本管理。这对管理人员提出了更高的要求，他们需要具备全面的财务管理知识和技能，以适应不断变化的市场环境和企业需求。随着企业对会计成本管理认识的深入，会计成本管理已成为推动企业持续发展和提升竞争力的关键因素。

（二）目标成本管理

1. 目标成本管理的界定

目标成本管理是一种以目标成本为基础的管理方法，目标成本是指在一个特定周期内为实现预定目标利润而设定的预计成本。它是成本预测与目标管理相结合的产物，通常表现为计划成本或标准成本。在设计目标成本时，需要综合考虑企业的总体发展战略目标，以辅助管理者进行成本预测和决策。

目标成本管理的核心是将数据采集与分析作为基础，帮助企业决策层进行成本预测和决策。它还涉及对目标成本的分解，并通过控制分析、考核评价等实施成本管理。目标成本的设计与核算是实施目标成本管理的前提，其根本目的是实现企业效益的最大化和促进可持续发展。

在企业中推行目标成本管理有助于加强成本核算能力，促进企业内部形成人人关心成本的企业文化，从而更好地落实经济责任制。此外，执行目标成本管理法还能激发员工的工作积极性，促进成本的降低，对企业的经济效益和竞争力提升具有积极作用。通过这种方式，企业可以有效控制成本，提高资源利用效率，实现长期稳定的发展。

2. 目标成本管理基础环节

实施目标成本管理法的首要任务是构建企业的责任中心，并在其中设立财务、研发、生产等关键部门，其中财务部门扮演着核心角色。构建责任中心可确保中心内所有员工都能清晰认识到自己在企业的发展和成本管理中所担负的责任。

接下来，企业需要设计科学合理的目标成本。这包括明确目标成本管理的对象，并在确定管理对象后，根据可行性原则进行目标成本的设定。具体流程如下：首先，结合企业的战略目标或年初的收支预算，确定目标成本的总额；然后，将这一总额分解到各个部门，明确产品生产、研发、行政管理等部门的具体目标成本额。

最后，企业需要根据各部门被分配的目标成本额，设计相应的目标成本管理方案。这一方案应确保成本管理责任明确落实到各个部门乃至个人，从而推动目标成本管理的有效实施。通过这样的管理方法，企业不仅能够实现成本的有效控制，还能提升整体的经济效益和市场竞争力。

（三）企业目标成本管理模式的创新

1. 成本管理创新方向

在传统的目标成本管理实践中，常见的做法是通过增加产量来降低单个产品的成本，这可以视为成本管理的初级阶段。然而，随着社会经济的快速发展，财务管理的形式也在向多元化发展，这要求企业实现财务管理模式的转变，以强化成本控制的效果。

在现代经济体系中，消费者在选择商品时，不仅关注质量，对产品的外观、功能以及品牌也有更高的要求。因此，企业需要加强对产品附属功能和服务设计的重视。传统的管理模式已不能满足当前成本管理的实际需求，企业需要根据经济发展的趋势和消费者对产品的多元化关注点，进行财务管理目标成本的创新。

这意味着企业不仅要关注成本的直接降低，还要通过提高产品的附加值、优化产品设计、增强品牌影响力等手段，实现成本效益的最大化。通过这种综合的成本管理策略，企业可以在竞争激烈的市场中保持竞争力，同时满足消费者日益增长的需求。

2. 树立全新的成本管理思维

在实施目标成本管理的过程中，企业必须根据当前的成本管理状况，建立更科学、更具针对性的成本管理理念和思维方式。

首先，在进行企业成本绩效评估时，财务部门不应仅以经营成本的增减作为唯一的评价标准。而是需要对成本消耗与效益增加进行全面的综合分析，这才能为推行目标成本管理提供全面的参考依据。

其次，财务部门需要认识到目标成本管理工作应该贯穿企业经营的全过程。这要求企业在日常经营和管理的各个环节中实施成本控制，形成一种全过程成本控制的目标成本管理思维。结合不同经营环节的特点，设计有针对性的成本控制策略，以确保实现成本管理的最大效益。

通过这样的方法，企业可以有效控制成本，提高资源利用效率，增强市场竞争力，并最终实现企业的长期稳定发展。

3. 产品设计与售后成本管理

企业在进行成本管理时，传统的关注点往往集中在产品数量和总额的控制上。然而，有效的成本管理计划应基于企业的实际经营状况，对产品生产过程进行动态监督和调整。

在市场经济的快速变化中，成本管理不应局限于生产过程的控制。企业需要根据市场导向，在产品从设计到售后服务的整个生命周期中关注成本控制，以增强成本管理的作用。这要求企业不仅要在生产环节上进行成本控制，还要在产品设计、市场推广、销售策略和售后服务等方面进行全面的成本考量。

此外，企业还需要深化对效益与成本内在联系的认识，明确理想的目标成本控制方案。这意味着企业要通过综合分析市场需求、消费者偏好、产品特性等因素，制定既能满足市场和消费者需求，又能实现成本效益最大化的成本控制策略。

4. 成本管理渗透到全过程

生产部门和会计部门在成本管理上的规划虽然是重要的，但并不全面。为了提升目标成本管理的经济效益，企业需要深入了解产品成本的动因，这包括生产环节中的产品消耗和成本控制等关键因素。

目标成本管理是企业发展的关键组成部分。企业不仅需要在生产环节进行成本控制，还应该全面调查市场发展规律，以便进行内部调整，加强部门间的协作，以及与市场的对接。此外，随着信息技术的快速发展，企业的发展环境也在变化。企业需要抓住经济一体化带来的机遇，合理利用现代经济技术，优化成本控制手段。

总的来说，要实现目标成本管理的创新，企业不能局限于生产环节的成本控制，还需要在提升效益、销售成本等方面进行改进，并根据企业发展状况持续优化目标成本制度。通过这种全面、综合的方法，企业可以有效控制成本，提高市场竞争力，实现可持续发展。

5. 时间成本控制

现代企业要在竞争激烈的市场中提升自身优势，实现经济效益最大化，关键在于强化技术改革、加快发展和生产速度。这不仅是提升企业价值链的重要一环，也是目标成本管理的核心目标。

在目标成本管理过程中，加强对时间成本的控制至关重要。通过增加时间成本控制的力度，企业不仅能够推动目标成本的实现，还能快速占领市场、缩短决策时间，从而获得更大的时间资源优势。同时，企业在满足用户需求的基础上进行成本控制，需要认识到消费者选择产品时考虑的不仅是质量，还包括其他附加因素。因此，企业还应加强对售后阶段成本的预测和管理。

在市场经济的发展规律中，强化时间成本管理有助于推动企业实现规范化管理。企业在进行目标成本管理时，不能仅从一个视角出发，而应基于企业发展的整体需求，完善成本规范与核算计划，提高管理水平。

构建成本管理目标后，在生产实践中需要制定可靠的资金规划，优化管理模式，确保企业资金规范化运行，使整体效益达到理想状态。目标成本管理中，明确的目标至关重要，可以通过分解各级各部门的职责，确保各级各部门根据分解后的目标成本小项来开展工作。

第三节　会计管理风险控制

一、内部审计与企业会计风险管理

内部审计是一项战略性活动，它通过评估和改进风险管理、控制及治理过程的有效性来增加价值并改善组织的运营。其核心目的是确保会计和财务报告的真实性和准确性，从而支持企业的战略目标和发展方向。内部审计不仅为管理层提供有关财务健康状况的信息，还为非财务领域的决策提供支持，比如，业务流程改进、合规性评估，以及运营效率提升等方面。

内部审计与外部审计的协同作用是现代企业审计体系的一个显著特征。这种协作不仅可以强化内部控制机制，还能确保遵守法律法规，并有助于识别潜在风险，从而使企业能够采取适当的措施加以应对。内部审计有助于提高会计风险管理水平，减少不确定性和潜在损失，促进企业的可持续发展。

内部审计工作对于保障企业的正常运行至关重要。通过对员工表现、部门绩效及整体运营效率的定期审查，内部审计能够为企业高层提供有价值的信息，帮助他们做出更明智的决策。此外，有效的内部审计还可以减轻外部审计的压力，优化财务管理和业务流程，进而降低运营成本和风险，加强不同部门间的协调合作，最终实现企业的长期发展目标。

（一）企业会计风险管理中内部审计的基本定位和积极作用分析

1. 企业会计风险管理中内部审计的基本定位

企业在会计风险审计方面需要重点关注三个基本组成要素：风险控制、固有风险，以及风险检查。风险控制主要涉及对未被及时发现和处理的风险进行预防性的检查，例如，数据的错报或漏报等问题。这些问题往往源于企业内部控制制度缺乏科学性和合理性，或是内部管理执行效率低下。

固有风险是指在企业交易过程中，除了内部管控能力的因素导致的账户错报或漏报，以及账户余额管理不当等问题。当企业账户余额管理出现严重问题时，会导致固有风险上升。通常情况下，在排除上述因素后，固有风险与行业的发展水平、企业的经营状况及其所处的经营环境等因素密切相关。

风险检查则是指通过系统的方法和技术手段，对上述风险进行识别、评估和监测的过程，旨在确保企业能够及时发现并应对潜在的风险，从而有效进行风险管理。这三个要素共同构成了企业会计风险审计的基础框架，帮助企业维护财务健康，防范潜在风险，确保稳健运营。

2. 企业会计风险管理中内部审计的积极作用

现代企业的会计风险管理与内部审计工作的效率和效果紧密相连。一个健全的内部审计体系和强大的执行力可以帮助企业调整和完善风险管理策略，提高对财务风险的预测能力，确保企业运营的稳定性和安全性。

企业的内部审计委员会作为董事会的一部分，在执行审计任务时，需要从战略层面出发，并结合公司治理的目标来进行。通过内部审计，企业能够改进风险管理评估体系，提出应急计划和针对性的问题解决方案。长远来看，加强对内部审计的重视有助于减少会计风险，促进企业的持续发展。

内部审计的进行通常独立于企业的日常运营，这使得它能够更客观、全面地评估会计风险，并针对会计风险管理中的问题或不足提出建设性的改进建议。内部审计部门与企业相关部门的合作，有助于制订和实施有效的审计计划。

因此，内部审计是企业会计风险管理的重要组成部分，它有助于优化风险管理机制，推动建立一个全面且高效的企业会计风险管理体系。通过这种机制，企业能够更好地识别、评估、监控和应对潜在的会计风险，保障企业的长期稳定发展。

（二）企业会计风险管理中内部审计应用效果提升的具体策略研究

1. 企业内部审计工作应保证独立于其他部门

企业内部审计的有效性在很大程度上依赖于其独立性。虽然内部审计需要与其他部门协作，但缺乏独立性的审计机构很难确保审计工作的质量和客观性，也可能对审计工作的顺利进行产生制约。因此，内部审计机构在执行审计任务时，必须确保审计资源的独立性，注重审计过程的公开性和公正性。提升审计人员的专业能力和责任感可减少与其他部门的联系，确保审计结果的真实性和有效性。

企业管理层也应充分认识到内部审计的重要性，确保审计工作在企业会计风险管理中发挥关键作用。这有助于提高企业会计风险管理的科学性、客观性和合理性。企业应结合自身的管理情况，完善内部审计机制，建立一个独立于监督部门和财务部门的内部审计体系。这样的体系能够确保内部审计工作的公正性、公开性、公平性和透明度，从而有效降低企业会计风险，提升企业的核心竞争力。

2. 企业内部审计风险评估需要注重科学性

为提升企业会计风险管理水平，内部审计人员在开展审计工作之前，必须对被审计企业进行详尽的调查与分析。这包括全面了解企业的经营项目，识别可能存在的问题，从而更准确地把握企业风险控制的关键点。

在审计过程中，相关人员需严格遵守审计工作的标准和规范，确保审计结果的真实性和完整性。这不仅涉及遵循既定的审计程序，还包括保持职业怀疑态度，运用专业知识和技能，对企业财务活动进行全面审查。

通过这样的方法，内部审计可以为企业揭示潜在的风险点，提出改进建议，帮助企业优化风险管理策略。这有助于企业建立更加健全的内部控制体系，提高其对会计风险的预防和应对能力，从而保障企业的财务健康。

3. 注重提升企业内部审计工作的整体质量

企业内部审计工作是降低会计管理风险、提升风险预估能力的关键手段。通过有效的内部审计，企业不仅能够提高风险管理水平，还能制订预防方案和改进措施，确保企业运营的稳定性。

为了增强内部审计在会计风险管理中的效果，企业首先需要提高审计工作的质量。这包括明确内部审计人员的基本职能，规范审计工作流程，确保审计人员按照既定规范和流程开展工作。审计负责人在收集审计资料时，应采取正确的方法，保证资料的真实性和可靠性。

此外，内部审计的全过程都应详细记录，这不仅有助于增强审计工作的透明性，也方便企业管理部门进行后续的调查和考核。通过这些措施，企业可以确保内部审计工作的有效性，及时发现和解决会计管理中的问题，为企业的稳健运营提供有力支持。

4. 注重完善企业内部审计风险评估体系

在全球化的市场经济背景下，我国市场环境的复杂性不断增加。企业要确保内部审计工作的有效性，首先需要完善企业会计风险评估体系，提升风险管理水平，有效降低生产运营过程中的风险概率，以促进企业的稳定发展。

在开展内部审计工作时，审计机构应对被审计部门进行全面调查，分析预估风险，包括企业固有风险、风险控制和风险检查等方面。如果在审计过程中遇到不确定的会计资料或信息，审计人员应提高警觉，谨慎处理，并利用风险预估机制评估潜在危害，寻找有效的风险规避措施。

面对日益复杂的市场环境，企业在生产经营中面临的风险概率不断上升。有效的会计风险管理不仅关系到企业的财务健康，也影响着企业的发展和长期规划。因此，将内部审计工作融入会计风险管理是企业可持续发展的必然选择，也是现代化企业的发展趋势。

在未来的会计风险管理中，企业需要不断提升审计工作的科学性和准确性，全面提高内部审计水平，从而提高会计风险管理工作的质量。这将有助于企业应对市场变化，确保企业的长期稳定发展。

二、企业会计电算化的风险管理

（一）会计电算化存在的风险分析

会计电算化系统的正常和稳定运行对于确保企业的会计工作高效准确地执行至关重要。尽管会计电算化带来了显著的效率提升和成本节约，但它同样伴随着一系列潜在的风险。其中，数据风险和系统故障风险尤为突出。

数据风险主要源于人为因素。即使会计软件本身具备高度自动化处理能力，但在系统初始阶段，大量的基础数据仍需人工录入。一旦这些原始数据输入不准确或者录入错误，那么后续基于这些数据的所有处理和计算都将受到影响，从而产生连锁反应，导致最终的财务报告失真。

系统故障风险则涉及会计电算化系统的硬件和软件层面。作为依赖于信息技术的系统，任何硬件故障，如服务器宕机、存储设备损坏等，都可能导致重要财务数据的丢失或不可访问，进而给企业造成经济损失。此外，软件漏洞、病毒攻击，以及系统兼容性问题也可能导致系统崩溃或数据泄露，这些都是系统故障风险的具体表现形式。

会计电算化在提高会计工作效率的同时，也对从业人员提出了更高的要求。理想情况下，会计人员不仅需要掌握扎实的会计专业知识，还应当具备一定的信息技术技能。然而，在实际操作中，很多会计从业人员往往缺乏必要的计算机知识和技能，特别是在会计软件操作方面。这导致了一系列操作不规范的风险，比如，操作失误、数据录入错误甚至滥用职权进行舞弊行为等。这些不规范的操作不仅会降低会计信息的质量，还可能给企业带来严重的负面影响。

此外，随着信息技术的发展，网络安全已经成为会计电算化中的一个关键问题。尤其是在企业内部网络环境中，会计软件的安全性尤为重要。网络病毒、黑客攻击，以及数据在传输和备份过程中遭受的恶意侵入等问题，都可能对企业财务数据的安全构成严重威胁。这些问题一旦发生，不仅会导致数据丢失或被篡改，还可能引发更广泛的经济损失和法律纠纷。

因此，企业需要采取有效措施来应对这些风险，包括但不限于加强对会计人员的专业培训，提高他们的操作技能和职业操守；建立和完善网络安全体系，采取防火墙、加密技术等手段保护会计数据的安全；同时，企业还需要定期对会计电算化系统进行维护和升级，以适应不断变化的技术环境和安全需求。这些措施可以最大限度地减少因操作不规范和安全防范不当所带来的风险。

（二）会计电算化风险管理对策

在当前的数字化时代，会计电算化已成为企业管理的重要组成部分。以下是其中三个关键点的整合和扩展：

1. 软件的更新与维护

确保会计电算化软件的及时更新和维护至关重要。企业应选择成熟、安全且符合企业实际需求的会计软件。在软件部署前，对操作人员进行专业培训，确保他们能够熟练操作并理解软件的功能。同时，企业应定期进行软件更新和病毒扫描，以保持软件的安全性和功能性。

2. 会计人员的专业发展

会计人员作为会计电算化操作的主体，需要不断学习和适应新技术。企业应鼓励会计人员掌握会计应用软件的操作，同时提高他们在系统维护、网络安全和程序更新方面的技能。这不仅要求会计人员具备计算机知识，还要求他们具备财务专业技能，成为复合型人才。

3. 内部控制制度的建立与完善

建立健全的会计电算化内部控制制度是防范风险、保障会计工作正常进行的关键。企业应根据自身情况，制定严格的会计操作规范，明确岗位职责，规范工作流程，并不断完善内部控制体系。这有助于提高会计工作的效率和准确性，同时降低其潜在的风险。

通过这些措施，企业可以有效降低会计电算化过程中的风险，提高会计工作的质量和效率。同时，这也有助于企业在激烈的市场竞争中保持竞争力，实现可持续发展。

第四章

财务会计的资产管理

第一节　财务会计的固定资产管理

一、固定资产的取得

（一）购入固定资产

购入不需要安装的固定资产，借记“固定资产”，按实际支付（含应支付，下同）的价款，贷记“银行存款”等；购入需要安装的固定资产，先记入“在建工程”，安装完毕交付使用时再转入“固定资产”科目。

（二）投资者投入固定资产

企业对接受投资者作价投入的固定资产，按投资各方确认的价值，借记“固定资产”科目；按投资方拥有被投资方的股权，贷记“实收资本”科目；按其差额，贷记“资本公积”科目。

（三）无偿调入固定资产

企业在按照相关规定并得到相关部门批准的情况下，无偿调入固定资产时，其入账价值应为调出单位账面价值加上新的安装成本、包装费、运杂费等。对于调入需要安装的固定资产，企业应将原账面价值及发生的包装费、运杂费等借记到“在建工程”科目；同时，将原账面价值贷记到“资本公积——无偿调入固定资产”科目；发生的支出则贷记“银行存款”等科目。安装费用发生时，借记“在建工程”科目，贷记“银行存款”“应付工资”等科目。当工程完工并达到可使用状态时，应按工程的实际成本，借记“固定资产”科目，同时贷记“在建工程”科目。

（四）接受捐赠固定资产

接受捐赠的固定资产时，企业应按照确定的入账价值进行会计处理。具体来说，企业需要贷记“固定资产”科目，以反映固定资产的增加。同时，如果捐赠的固定资产在未来会产生应交的所得税，企业还需要贷记“递延税款”科目，以反映未来税负的增加。此外，企业还应将确定的入账价值减去未来应交所得税后的余额，贷记“资本公积”科目，以反映捐赠对企业所有者权益的净影响。最后，如果在接受捐赠过程中需要支付相关税费，企业还应贷记“银行存款”等科目，以反映现金流出。

对于外商投资企业，在接受捐赠的固定资产时，除借记“固定资产”科目外，还需要根据应计入待转资产价值的金额，贷记“待转资产价值”科目。同时，如果需要支付相关税费，企业应贷记“银行存款”等科目，以反映现金流出情况。

通过这样的会计处理，企业可以准确反映接受捐赠固定资产对财务状况的影响，同时确保符合相关会计准则和税法规定。

二、固定资产的自建与自制

（一）自营工程

1. 自行建造固定资产入账价值的确定

企业在自行建造固定资产，即在建工程的过程中，应按照实际发生的全部支出来确定其价值。这包括消耗的材料、人工、其他相关费用，以及缴纳的有关税金等，这些支出均应计入固定资产的入账价值。在设备安装工程中，设备本身的价值也应包含在内。

在工程达到预定可使用状态之前，进行试运转所发生的净支出，应计入工程成本。此外，如果在试运转过程中形成了能够对外销售的产品，其发生的成本同样应计入在建工程成本。当这些产品被销售或转为库存商品时，应按实际销售收入或预计售价冲减工程成本。

对于在建工程过程中发生的盘盈、盘亏、报废或毁损的工程物资，扣除保险公司或过失人赔偿部分后的差额，如果工程项目尚未完工，则应计入或冲减所建工程项目的成本；如果工程已经完工，则应计入当期营业外收支。如果发生单项或单位工程报废或毁损，减去残料价值和相关赔款后的净损失，应计入继续施工的工程成本。如果是由于非常原因造成的报废或毁损，或在建工程项目全部报废或毁损，则应将净损失直接计入当期营业外支出。

企业还应定期或至少每年年度终了时，对在建工程进行全面检查。如果发现在建工程已经发生了减值，应计提减值准备。具体来说，以下情况需要计提在建工程减值准备：长期停建且预计在未来 3 年内不会重新开工的在建工程；所建项目在性能或技术上已经落后，且带来的经济利益具有很大不确定性；其他足以证明在建工程已经发生减值的情形。

对于已达到预定可使用状态但尚未办理竣工决算的固定资产，企业应从达到预定可使用状态之日起，根据工程预算造价或实际成本等，按估计的价值转入固定资产，并按规定计提固定资产的折旧。待竣工决算手续办理完毕后，再进行相应调整。这样的会计处理有助于确保企业固定资产的价值反映真实、准确。

2. 会计处理

为了对企业自行建造固定资产进行全面准确的核算，设置“工程物资”“在建工程”“在建工程减值准备”账户。

（1）工程物资

企业在为在建工程准备各种物资时，应按照实际支付的买价、增值税额、运输费、保险费等相关费用来确定其实际成本，并根据物资的种类进行明细核算。这些工程物资主要包括为工程准备的材料、尚未交付安装的需要安装设备的实际成本，以及预付大型设备款和基本建设期间根据项目概算购入为生产准备的工具及器具等的实际成本。需要注意的是，购入不需要安装的设备应直接在“固定资产”科目核算，而不在工程物资科目核算。

当企业购入为工程准备的物资时，应按照实际成本和专用发票上注明的增值税额，借记“工程物资”科目（专用材料、专用设备），贷记“银行存款”“应付账款”“应付票据”等科目。如果企业为购置大型设备而预付款，应借记“工程物资”科目（预付大型设备款），贷记“银行存款”。当收到设备并补付设备价款时，应按设备的实际成本，借记“工程物资”科目（专用设备），按预付的价款，贷记“工程物资”科目（预付大型设备款），按补付的价款，贷记“银行存款”等科目。

在工程领用工程物资时，应借记“在建工程”，贷记“工程物资”科目（专用材料等）。工程完工后，对于领出的剩余工程物资应当办理退库手续，并进行相反的账务处理。当工程完工，并将为生产准备的工具及器具交付生产使用时，应按实际成本，借记“低值易耗品”，贷记“工程物资”科目（为生产准备的工具及器具）。

对于工程完工后剩余的工程物资，如果转作本企业存货，应按原材料的实际成本或计划成本，借记“原材料”，按可抵扣的增值税进项税额，借记“应交税费——应交增值税（进项税额）”，按转入存货的剩余工程物资的账面余额，贷记“工程物资”科目。如果工程完工后剩余的工程物资对外出售，应先结转工程物资的进项税额，借记“应交税费——应交增值税（进项税额）”，贷记“工程物资”科目，出售时应确认收入并结转相应的成本。这样的处理有助于确保企业在建工程的物资管理与会计核算的准确性和合规性。

（2）在建工程

企业在进行基建工程、安装工程、技术改造工程、大修理工程等项目时，会在本科目中核算实际发生的支出，这包括需要安装的设备价值。需要注意的是，本科目不包括根据项目概算购入的不需要安装的固定资产、为生产准备的工具器具、购入的无形资产，以及不属于工程支出的其他费用。本科目的期末借方余额，体现了企业尚未完工的基建工程所发生的各项实际支出。

为了更好地管理和核算，本科目应设置以下明细科目：

①建筑工程。

②安装工程。

③再安装设备。

④技术改造工程。

⑤大修理工程。

⑥其他支出。

当企业自营基建工程并领用工程物资时，应按照实际成本，借记本科目（建筑工程、安装工程等——××工程），并贷记“工程物资”。如果基建工程领用了本企业的原材料，应按照原材料的实际成本加上不能抵扣的增值税进项税额，借记本科目（建筑工程、安装工程等——××工程），同时贷记“原材料”和“应交税费——应交增值税（进项税额转出）”。对于采用计划成本进行材料日常核算的企业，还需分摊材料成本差异。

当基建工程领用本企业的商品产品时，应按照商品产品的实际成本（或进价）或计划成本（或售价）加上应交的相关税费，借记本科目（建筑工程、安装工程——××工程），并贷记“应交税费——应交增值税（销项税额）”，同时贷记“库存商品”。如果库存商品采用计划成本或售价，还需分摊成本差异或商品进销差价。

基建工程应负担的职工工资，应借记本科目（建筑工程、安装工程——××工程），并贷记“应付工资”。辅助生产部门为工程提供的水、电、设备安装、修理、运输等劳务，应按月根据实际成本，借记本科目（建筑工程、安装工程等——××工程），并贷记“生产成本——辅助生产成本”等。

此外，基建工程发生的工程管理费、征地费、可行性研究费、临时设施费、公证费、监理费等其他支出，应借记本科目（其他支出），并贷记“银行存款”等。基建工程应负担的税金，也应借记本科目（其他支出），并贷记“银行存款”等。通过这样的会计处理，企业能够准确记录和反映基建工程的各项成本和支出。

企业在进行基建工程、安装工程等项目时，可能会遇到因自然灾害等导致的单项工程或单位工程报废或毁损。在这种情况下，企业应将净损失（减去残料价值和过失人或保险公司等赔款后的损失）报经批准后计入继续施工的工程成本。具体会计处理：借记本科目（其他支出），并贷记本科目（建筑工程、安装工程等——××工程）。如果损失是非正常原因造成的报废或毁损，或在建工程项目全部报废或毁损，则应将净损失直接计入当期营业外支出。

在建设期间，如果工程物资发生盘亏、报废及毁损，其处置损失在报经批准后，应借记本科目，并贷记“工程物资”。相反，如果盘盈工程物资或有处置收益，则应进行相反的账务处理。

基建工程在达到预定可使用状态前进行负荷联合试车时发生的费用，应借记本科目（其他支出），并贷记“银行存款”“库存商品”等。如果试车过程中获得收入或按预计售价将能对外销售的产品转为库存商品，则应进行相反的账务处理。

当基建工程完工后，企业应进行清理，包括对已领出的剩余材料办理退库手续。这时，应借记“工程物资”，并贷记本科目。

在基建工程完工并交付使用时，企业需要计算各项交付使用固定资产的成本，并编制交付使用固定资产明细表。

此外，企业还应设置“在建工程其他支出备查簿”，专门登记基建项目发生的构成项目概算内容，但不通过“在建工程”科目核算的其他支出。这包括按照建设项目概算内容购置的不需要安装设备、现成房屋、无形资产，以及发生的递延费用等。企业在发生上述支出时，应通过“固定资产”“无形资产”和“长期待摊费用”科目进行核算，同时在“在建工程——其他支出备查簿”中进行登记。这样的管理有助于企业对在建工程进行全面和准确的财务记录。

（3）在建工程减值准备

企业在管理在建工程时，为了核算可能发生的减值情况，会设置“在建工程减值准备”科目。当企业判断在建工程发生减值时，应进行相应的会计处理：借记“营业外支出——计提的在建工程减值准备”，同时贷记“在建工程减值准备”科目。这样的操作反映了企业对在建工程价值下降的财务影响。

如果在后续期间，已计提减值准备的在建工程价值有所恢复，且这一恢复在原已提减值准备的范围内，企业应在允许的范围内进行转回处理。具体的会计分录为借记“在建工程减值准备”科目，贷记“营业外支出——计提的在建工程减值准备”。这表示企业对之前减值的修正，体现了在建工程价值的回升。

“在建工程减值准备”科目的期末贷方余额，显示了企业已经提取的在建工程减值准备总额。这为企业提供了一个关于在建工程潜在风险和价值下降的财务指标，有助于企业进行风险管理和决策。通过这样的会计处理，企业能够准确反映其在建工程的价值和相关的财务状况。

（二）出包工程

企业在采用出包方式进行自制或自建固定资产工程时，通常会通过“在建工程”账户与承包单位进行结算。这个账户实际上充当了企业与承包单位之间的结算账户，企业将与承包单位结算的工程价款作为工程成本，并在“在建工程”账户中进行核算。

具体操作如下：

①当企业根据合同规定向承包企业预付工程款或备料款时，应按实际支付的价款，借记“在建工程”科目（如建筑工程、安装工程等——××工程），贷记“银行存款”科目。

②如果企业以拨付给承包企业的材料抵作预付备料款，应按工程物资的实际成本，借记“在建工程”科目（如建筑工程、安装工程等——××工程），贷记“工程物资”科目。

③当企业将需要安装的设备交付给承包企业进行安装时，应按设备的成本，借记“在建工程”科目（在安装设备），并贷记“工程物资”科目。

④在与承包企业办理工程价款结算时，如果需要补付工程款，应借记“在建工程”科目（如建筑工程、安装工程等——××工程），贷记“银行存款”等科目。

通过这样的会计处理，企业能够准确记录和管理与承包单位之间的工程成本和结算情况，确保在建工程的财务信息准确无误。

三、固定资产的折旧

（一）折旧的性质及计提范围

1. 折旧的性质

固定资产在使用过程中，尽管其实物形态保持不变，但会因使用磨损、陈旧等遭受有形损耗，如物质磨损，以及不使用时可能遭受的自然侵蚀或意外毁损。同时，技术进步、市场变化或企业规模调整等也会导致固定资产的无形损耗。一些资产可能因不适应生产需求而在其预期使用年限结束前就变得陈旧而需报废。随着时间推移，固定资产的服务能力降低，其价值亦随之减少。企业应采用合理的方法将这种损耗分摊到各个经营期间，作为各期费用，并与当期营业收入相匹配。固定资产的成本通过这种方式逐期分摊，形成折旧费用，转移到其生产的产品或提供的劳务中，这个过程称为计提折旧。

企业在管理固定资产时，必须基于资产的性质和使用消耗方式，合理确定其预计使用年限和预计净残值。同时，企业应考虑科技发展、环境变化及其他相关因素，选择恰当的折旧方法。这些决定需按照企业的管理权限，经过相应机构的批准，并作为计提折旧的正式依据。企业还需依法将这些信息报送备案，并存放于企业所在地，供投资者和其他利益相关者查阅。

一旦固定资产的预计使用年限、预计净残值和折旧方法确定并备案或存放后，不得随意更改。如需要变更，必须重新遵循上述批准程序，并在变更后再次报送备案。此外，任何变更都应在会计报表的附注中进行详细说明，以保证信息的透明度和可追溯性。

在固定资产的折旧过程中，应折旧金额应在其使用寿命期限内进行系统摊销。所选用的折旧方法应能准确反映企业消耗该资产所含经济利益的方式。每期计算的折旧额应被确认为费用，除非该折旧额被计入另一项资产的账面价值中。这样的处理确保了固定资产的成本能够合理分摊到其使用期限内，同时符合会计准则和企业的实际使用情况。

折旧是固定资产在其预计使用寿命内，通过系统性分摊其原价与预计净残值之间的差额来体现资产价值逐渐减少的过程。所谓应计折旧额，是指固定资产的原始购置成本减去预计在资产报废时能够回收的净残值之后的净额。如果固定资产已经计提了减值准备，那么在计算应计折旧额时，还需要从原价中减去这部分累计的减值准备金额。

使用寿命定义为固定资产预期能够为企业提供服务的期限。对于某些固定资产，其使用寿命也可以根据资产能够生产的产品数量或提供的服务次数来确定。这种表示方式直接关联了资产的使用与其产出能力，为折旧提供了另一种计量角度。通过这样的折旧处理，企业能够确保固定资产的成本在其使用周期内得到合理分摊，并且与其所创造的经济利益相匹配。

2. 折旧的范围

固定资产在使用过程中会因实物磨损而逐渐失去其价值，因此，即使是使用中的机器设备等固定资产，也需要计提折旧。此外，即便一些固定资产因无形损耗而未使用或不需使用，如房屋和建筑物，也应计提折旧。对于通过融资租赁方式租入的固定资产，其会计处理上应与自有固定资产相同，因此也需要计提折旧。

具体来说，企业需要对以下几类固定资产计提折旧：

房屋和建筑物。

使用中的机器设备、仪器仪表、运输工具、工具器具。

因季节性或大修理而暂时停用的固定资产。

融资租入的固定资产，以及以经营租赁方式租出的固定资产。

而以下几类固定资产不计提折旧：

房屋、建筑物以外的未使用或不需用的固定资产。

以经营租赁方式租入的固定资产。

已提足折旧但仍继续使用的固定资产。

按规定单独估价并作为固定资产入账的土地。

对于已达到预定可使用状态但尚未办理竣工决算的固定资产，企业应按估计价值暂估入账，并计提折旧。待竣工决算手续完成后，再根据实际成本调整暂估价值，并相应调整原已计提的折旧额。

对于那些已提足折旧但仍可继续使用的固定资产，企业不再计提折旧。如果固定资产提前报废，未提足的折旧也不再补提。提足折旧意味着已经计提了该固定资产应计的全部折旧总额，这通常等于固定资产的原价减去预计残值和预计清理费用。

除了已提足折旧继续使用的固定资产和按规定单独估价的土地，企业还应对所有固定资产计提折旧，以确保固定资产的成本得到合理分摊，并反映在企业的财务报表中。

（二）折旧方法

固定资产的折旧方法有多种，主要包括直线法和加速折旧法等。根据我国会计制度的规定，企业通常采用直线法来计提折旧，即在资产使用寿命内平均分摊其成本。同时，在得到相关部门批准的情况下，企业也可以选择使用加速折旧法，这种方法允许企业在资产使用的早期阶段计提更多的折旧费用，从而更好地匹配费用与收入，并可能带来一定的税收优惠。

1. 直线法

直线法，具体有年限平均法和工作量法两种。

（1）年限平均法

年限平均法是各种折旧方法中最简单的一种。固定资产折旧总额在使用年限内平均分摊，每期的折旧额相等。

计算公式如下：

$$年折旧额 =（固定资产原值 - 预计净残值）- 估计使用年限$$

$$年折旧率 = (1 - 预计净残值率) \div 估计使用年限$$

其中，预计净残值率 = 预计净残值 – 固定资产原值

$$月折旧率 = 年折旧率 \div 12$$

$$月折旧额 = 固定资产原值 \times 月折旧率$$

我国的企业在计算固定资产折旧时，通常采用年限平均法。这种方法的主要优势在于计算简便，易于操作。然而，年限平均法的一个局限性是它仅仅基于固定资产的预计使用寿命来分配折旧费用，而未能充分考虑资产在其生命周期内的实际使用效率变化。

在固定资产使用的早期阶段，由于设备性能良好，其工作效率较高，相应的维护和修理费用较少。随着时间的推移，固定资产逐渐老化，其工作效率开始下降，维修和保养的成本也随之增加。因此，在整个使用期间内，各年度的费用呈递增的趋势，而固定资产的工作效率呈递减的趋势。这导致了在采用年限平均法的情况下，尽管各年的折旧费用相同，但实际产生的总费用却随着资产老化而增加，使得企业的净利润呈递减的趋势。

这种情况下，年限平均法无法准确反映出固定资产的实际使用状况和经济效益的变化，可能会对管理层和外部投资者的财务分析与决策造成误导。为了更精确地反映固定资产的实际使用情况及价值损耗，有时会考虑使用其他折旧方法，如加速折旧法，该方法可以在资产使用初期计提较多的折旧费用，更符合资产使用效率的变化规律。

（2）工作量法

工作量法是一种将固定资产的总折旧额按照其估计的工作总量（如总生产量、总工作小时数等）进行平均分摊的方法，以确定每一单位工作量所应负担的折旧额。相比之下，虽然年限平均法在实际操作中更为简便，但由于存在无形损耗的问题，固定资产可能在预计使用年限届满之前甚至早期就遭到淘汰。这样一来，固定资产的大部分成本无法通过折旧的方式完全收回，这会导致企业在经济上遭受损失。这是因为年限平均法仅考虑了固定资产的估计使用时间，而忽略了实际使用效率的变化，特别是在技术快速发展的行业，固定资产可能因为技术更新换代而提前报废，这时采用年限平均法就不能准确反映资产的实际使用情况，进而影响企业对财务信息的正确分析和决策。因此，在某些情况下，采用工作量法或其他能够更好地反映资产实际使用状况的折旧方法可能是更合适的选择。

2. 加速折旧法

加速折旧法主要有双倍余额递减法和年限积数法两种。下面分述之。

（1）双倍余额递减法

这种折旧方法称为双倍余额递减法，是一种加速折旧法，适用于那些使用初期价值减损较快的固定资产。在这种方法中，固定资产的折旧率为年限平均法的两倍。固定资产的账面价值会随着每期计提的折旧逐渐减少。具体的每期折旧额计算公式：年折旧额 = 递减的账面价值 ×2 ÷ 折旧年限。第一年的账面价值等于固定资产的原始成本（不扣除估计残值）。

特别注意的是，在固定资产使用的后期，如果采用直线法计算剩余年限内的折旧额（期末账面价值减去预计残值后的余额按剩余年限平均分摊），该折旧额若大于继续使用双倍余额递减法计算的折旧额，则从该会计期开始必须改用直线法计提折旧。这样的调整是为了保证固定资产折旧的合理性，避免在资产使用的后期出现过大的折旧金额。

（2）年限积数法

年限积数法，又称年数总和法，是一种在固定资产的预计使用期内，按递减率计算每期折旧额的方法。该方法的年折旧额计算公式：年折旧额 =（固定资产原值 估计残值）× 当年递减的折旧率。其中，递减的折旧率计算公式：年折旧率 = 剩余可使用年数/预计使用年限的年数总和 =（预计使用年限 已使用年限）÷［预计使用年限 ×（预计使用年限 + 1）］÷ 2。

在实际操作中，企业通常按月提取折旧。对于当月新增的固定资产，当月不计提折旧，而从下个月开始计提；对于当月减少的固定资产，当月仍按原计划提取折旧，从下个月起停止提取。因此，每月的固定资产折旧额可以通过以下公式计算：固定资产月折旧额 = 上月计提的固定资产折旧额 + 上月增加固定资产应计提的折旧额 上月减少固定资产应计提的折旧额。这种计算方式确保了折旧计提的连续性和准确性，符合会计的持续性原则。

在会计核算中，为了管理固定资产的累计折旧，设置了“累计折旧”账户。这一账户的期末贷方余额反映了企业提取的固定资产折旧的累计数。企业通常按月计提固定资产折旧，会计分录如下：借方记入“制造费用”“营业费用”“管理费用”“其他业务支出”等科目，贷方记入“累计折旧”科目。

具体会计分录包括：

制造费用：记录生产用固定资产计提的折旧。

营业费用：记录销售等用途的固定资产计提的折旧。

管理费用：记录管理部门用固定资产计提的折旧。

其他业务支出：记录出租等用固定资产计提的折旧。

对于外商投资企业采购的国产设备，如果设备在预定可使用状态前收到退还的增值税款，应冲减设备成本，会计分录为借记“银行存款”科目，贷记“在建工程”科目。若设备已达预定可使用状态，需调整设备的账面原价和已提折旧，借记“银行存款”，贷记“固定资产”。同时，冲减多提的折旧，借记“累计折旧”科目，贷记“制造费用”“管理费用”等科目。如果设备已可使用且税务机关跨年度退还增值税，则借记“银行存款”，贷记“固定资产”，并冲减多提折旧，借记“累计折旧”，贷记“以前年度损益调整”。这种处理确保了会计信息的准确性和固定资产账目的正确反映。

四、固定资产使用中的支出

固定资产在使用过程中可能会涉及各种支出，如维修费、保养费，以及因改建、扩建或增建等导致的额外支出。这些支出的核心在于区分它们是资本性支出还是收益性支出，因为不同性质的支出将导致不同的会计处理。

（一）影响固定资产数量方面的支出

固定资产因数量增加发生的支出，通常涉及增加企业固定资产的实体或在现有基础上进行的扩建，例如，房屋加层或增设电子监控设备等。由于这类新增资产的受益期通常与估计的使用年限相近，至少在一年以上，因此相关支出需要资本化处理。

在购建新固定资产时，所有相关支出都应列为固定资产的成本。在进行扩建时，所支付的所有代价也应计入原有资产的成本。如果扩建过程中涉及拆除部分旧设施，会计处理通常不会减去这些旧资产的成本。而是将扩建成本先暂记于“在建工程”账户，待工程完成后，再将全部成本一次性转入原有的“固定资产”账户中。这种处理方式确保了会计信息的准确性和资产价值的正确体现，有助于企业更好地管理其资本支出。

（二）影响固定资产质量方面的支出

1. 换新

固定资产换新是指替换原有资产上已经陈旧或受损的部分，以恢复其原有的性能和生产能力。这种换新可以涉及整个资产项目的更新，也可以是非经常性的大部件更换。换新后，资产的质量或功能并不会得到提升，仅恢复到其原始状态。

由于换新项目的规模不同，相应的费用处理方式也会有所区别。对于大型项目或是非经常性的大部件更换，这类支出被视为资本性支出，因为它们能够显著延长资产的使用寿命或恢复其基本功能。而中、小型的换新项目，比如，日常维修和保养，则可以视作收益性支出，通常是为了保持资产正常运行而进行的常规活动。资本性支出会在财务报表上被记录为长期投资并通过折旧方式摊销，而收益性支出直接计入当期损益表。

2. 维修保养

为了确保固定资产能够持续保持良好的使用状态，企业需要进行日常的维护保养，这包括更换螺丝、弹簧，定期添加润滑剂等。这类支出虽然费用较低，但发生频率较高，因此一般被视为收益性支出，并在当期计入费用。

随着固定资产的不断使用，其物理磨损会逐渐加剧，可能会发生局部损坏，从而影响其使用效率。为了恢复固定资产的原有性能，企业需要进行修理，以确保其能够正常运转。固定资产的修理可以按照修理范围的大小和间隔时间的长短分为大修理和中小修理两种类型。

大修理是对固定资产进行局部更新，通常涉及的范围较大，间隔时间较长，修理次数较少，但每次修理的费用相对较高。由于大修理费用的发生不均匀，企业可以选择预提或待摊的方法来均衡成本。

相比之下，中小修理，也称为经常性修理，是为了维护和保持固定资产的正常工作状态而进行的修理工作。这类修理的特点是修理范围较小，间隔时间较短，修理次数较多，每次的修理费用也相对较少。通常情况下，经常性修理的费用会作为收益性支出处理，并在支出发生时计入当期费用。企业会按照实际发生的数额借记相关的成本费用账户，并贷记“银行存款”等科目。为了平衡各会计期的费用，或者当中小修理费用较大时，企业也可以采用摊销的方法。

在实际操作中，中小修理、维护保养、换新等活动之间的界限往往难以严格区分。因此，企业应根据自身的规模、资产的重要程度等实际情况进行处理和区分。

3. 改良和改善

固定资产的改良和改善支出是用于提升其质量和功能的。改良支出通常较大，能够显著提高固定资产的质量或功能。例如，安装中央空调以取代原有的取暖设施，这类改良工程的所有支出应被视为资本性支出，并计入资产的成本。在改良工程进行过程中，如果涉及替换旧资产，那么旧资产的成本应该从原资产账户中转出。

另一方面，固定资产的改善支出通常较小，其质量改进也不显著，如一般照明设备的改进。这类支出应被视为收益性支出，并记入本期损益。

对于与固定资产有关的后续支出，如果这些支出能够使企业可能流入的经济利益超过原先的估计，例如，延长了固定资产的使用寿命，或者显著提高了产品质量，或者实质性降低了产品成本，那么这些支出应当计入固定资产的账面价值。然而，增计的金额不应超过该固定资产的可收回金额。如果后续支出的增计金额超过了固定资产的可收回金额，则超出部分应当确认为费用。

第二节　财务会计的无形资产管理

一、无形资产的核算

（一）无形资产的增加

1. 无形资产的计价

企业在获取无形资产时，应依据其取得时的实际成本进行计量。实际成本的确定遵循以下规则：

第一，通过购买方式获得的无形资产，其实际成本应以实际支付的金额为准。根据国际会计准则、英国会计准则和美国通用会计准则，购入无形资产时均需按成本进行确认。然而，如果采用赊购方式并且延期支付的期限较长，应通过折现的方法对无形资产进行初始计量。

第二，投资者投入的无形资产，其实际成本应以投资各方确认的价值来确定。但若无形资产是作为首次发行股票的一部分而接受的，那么应以其在投资方账面记录的价值作为实际成本。

第三，企业通过债务人以非现金资产抵偿债务或以应收债权换取无形资产时，实际成本应为应收债权的账面价值加上支付的相关税费。如果涉及补价，实际成本的确定方式如下：

若企业收到补价，实际成本应为应收债权的账面价值减去补价，再加上支付的相关税费。

若企业支付补价，实际成本则为应收债权的账面价值加上支付的补价和相关税费。

第四，以非货币性交易换入的无形资产，按换出资产的账面价值加上应支付的相关税费，作为实际成本。涉及补价的，按以下规定确定换入无形资产的实际成本：

收到补价的，按换出资产的账面价值加上应确认的收益和应支付的相关税费减去补价后的余额，作为实际成本；

应确认的收益 = 补价 ×（换出资产的公允价值 - 换出资产的账面价值）- 换出资产的公允价值

支付补价的，按换出资产的账面价值加上应支付的相关税费和补价，作为实际成本。

国际会计准则和美国通用会计准则对于非货币性交易换入的无形资产，在进行初始计量时，都区分交易的性质，根据其是属于同类非货币性交易还是属于非同类非货币性交易，从而采取不同的处理方法。我国不做这样的区分。英国会计准则对此没有专门的规定。

第五，如果企业接受捐赠的无形资产，其实际成本的确定方法如下：

若捐赠方提供了相关凭据，应以凭据上标明的金额为基础，加上应支付的相关税费，作为无形资产的实际成本。

若捐赠方未提供相关凭据，则首先考虑同类或类似无形资产的市场价格。如果存在活跃市场，应以市场价格估计的金额，加上应支付的相关税费，作为实际成本。如果不存在活跃市场，则以该无形资产预计的未来现金流量现值作为其实际成本。

第六，对于企业自行开发并依法申请取得的无形资产，其实际成本应包括注册费、聘请律师费等费用。而研究与开发过程中的材料费用、直接参与开发人员的工资及福利费、租金、借款费用等，则应直接计入当期损益。如果该无形资产最终成功申请取得权利，原先计入费用的研发费用不得资本化。

第七，企业购入的土地使用权，或通过支付土地出让金方式取得的土地使用权，应以实际支付的价款作为其实际成本，并按照无形资产进行核算。当该土地准备开发时，其账面价值应转入相关在建工程。对于房地产开发企业而言，需开发的土地使用权的账面价值应转入存货项目。

这些规定帮助确保无形资产的成本计量准确，符合会计准则的要求，并为企业的资产管理和财务报告提供了清晰的指导。

2. 会计处理

企业在核算无形资产时，应设立“无形资产”科目，并根据无形资产的不同类别设置明细账进行详细核算。该科目期末的借方余额，显示了企业已经入账但尚未摊销的无形资产的摊余价值。需要注意的是，企业自创的商誉，以及不符合无形资产确认条件的其他项目，不应作为无形资产进行核算，因此不会在“无形资产”科目中反映。

具体的账务处理规则如下：

购入的无形资产，企业应按实际支付的价款，借记“无形资产”科目，贷记“银行存款”等科目。

投资者投入的无形资产，应按投资各方确认的价值，借记“无形资产”科目，贷记“实收资本”或“股本”等科目。如果是为了首次发行股票而接受的无形资产投入，则应以其在投资方账面价值为基础，进行相应的借贷记账。

企业通过债务人以非现金资产抵偿债务或以应收债权换取无形资产时，应按应收债权的账面价值加上应支付的相关税费，借记“无形资产”科目。同时，按该项债权已计提的坏账准备，借记“坏账准备”科目，按应收债权的账面余额，贷记“应收账款”等科目，按应支付的相关税费，贷记“银行存款”“应交税金”等科目。

接受捐赠的无形资产，应按确定的实际成本，借记“无形资产”科目，按未来应交的所得税，贷记“递延税款”科目，按确定的价值减去未来应交所得税后的差额，贷记“资本公积”科目，按应支付的相关税费，贷记“银行存款”“应交税金”等科目。

自行开发并依法申请取得的无形资产，企业应按取得时发生的注册费、聘请律师费等费用，借记“无形资产”科目，贷记“银行存款”等科目。在研究与开发过程中发生的材料费用、直接参与开发人员的工资及福利费、开发过程中发生的租金、借款费用等，应直接计入当期损益，借记“管理费用”科目，贷记“银行存款”等科目。

通过非货币性交易取得的无形资产，其账务处理应比照以非货币性交易取得的固定资产的相关规定进行。

这些规则确保了无形资产的核算既符合会计准则的要求，又能够准确反映企业的财务状况。

（二）无形资产的后续支出

无形资产的后续支出指的是在无形资产已经入账后，企业为了确保这些资产能够带来预期的经济利益而进行的支出，如进行相关的宣传活动。通常情况下，这类支出应当在发生时立即确认为费用，因为它们主要是为了维持已确认无形资产的预定经济利益。

然而，如果无形资产的后续支出满足以下条件，则可以进行资本化处理：

第一，该支出非常可能增加资产的未来经济利益，使其超出原先预定的绩效水平。

第二，该支出能够被可靠计量，并且可以合理分摊到该资产上。

值得注意的是，对于商标、刊头、报刊名、客户名单，以及实质上类似的项目，无论是通过外部购入还是内部产生的，其发生的后续支出一律应确认为费用。这样的规定是为了避免在财务报表中确认自创的商誉，确保财务报告的真实性和公允性。

（三）无形资产的摊销

无形资产自取得当月起，应在其预计的使用年限内进行分期平均摊销，并计入损益。在确定摊销年限时，如果预计使用年限超出了合同规定的受益年限或法律规定的有效年限，应遵循以下原则：

如果合同规定了受益年限，但法律未规定有效年限，则摊销年限不应超过合同规定的受益年限。

如果合同未规定受益年限，但法律规定了有效年限，则摊销年限不应超过法律规定的有效年限。

如果合同规定了受益年限，且法律也规定了有效年限，则摊销年限应取二者中较短的一个。

如果既没有合同规定的受益年限，也没有法律规定的有效年限，则摊销年限不应超过 10 年。

在进行无形资产摊销时，会计分录为借记“管理费用——无形资产摊销”，贷记“无形资产”，以反映无形资产价值的减少。这样的处理有助于合理分配无形资产的成本，确保企业的财务报告能够准确反映其财务状况。

无形资产应否摊销，以及如何摊销，在国际上素有争论。以下是国际会计准则及美国、英国的会计准则中的一些观点：

1. 无形资产应否摊销

国际会计准则规定，无形资产应采用系统的方法进行摊销。这意味着无形资产的成本应在其预期的受益期间均匀分摊到损益中。

英国财务报告准则虽然也支持无形资产的摊销，但对于被认为具有无限使用寿命的商誉或其他无形资产，并不要求进行摊销。这种做法允许企业将这些资产保留在账面上，直到它们不再具有价值。

美国通用会计准则则要求对所有无形资产，包括商誉，进行摊销。然而，美国财务会计准则委员会正在考虑对现行的无形资产会计原则进行修订。根据最新的建议，商誉将不再通过摊销来减少其账面价值，而是通过定期进行减值测试来评估其价值。如果测试结果显示商誉的可回收金额低于其账面价值，就需要进行减值处理。

这些不同的准则反映了各国对无形资产会计处理的不同观点和方法，企业在进行国际交易或报告时需要考虑这些差异。

2. 摊销年限

无形资产的应折旧金额应在其使用寿命的最佳估计期限内进行系统摊销。同时指出，只有在极少情况下，才可能存在令人信服的证据表明某项无形资产的使用寿命是长于 20 年的特定期间；一般情况下，无形资产的使用寿命不超过 20 年。

3. 摊销方法

企业在摊销无形资产时，应选择一种能够合理反映无形资产经济利益消耗方式的方法，这可能包括直线法、余额递减法或生产总量法等。直线法是一种将无形资产的成本均匀分摊到其预期使用期间的方法，而余额递减法和生产总量法分别基于资产的账面价值或实际使用量来进行摊销。

然而，在实际操作中，企业可能难以确定无形资产经济利益的消耗方式。针对这种情况，国际会计准则建议采用直线法作为默认的摊销方法，以确保会计处理的一致性和可比性。

英国会计准则在这一点上与国际会计准则保持一致，也推荐使用直线法进行无形资产的摊销。

相比之下，美国通用会计准则并没有强制要求企业必须使用直线法或其他特定的摊销方法。美国通用会计准则给予企业更大的灵活性，允许它们根据具体情况选择最合适的摊销方法。

总的来说，虽然不同国家和地区的会计准则在摊销方法上存在差异，但它们共同的目标是确保无形资产的摊销能够合理反映其经济利益的消耗，并为企业的财务报告提供准确的信息。

4. 残值

在会计处理中，无形资产的残值一般假定为零，除非满足以下条件之一：首先，有第三方承诺在无形资产的使用寿命结束时购买该资产；其次，无形资产存在活跃市场，其残值可以根据市场信息确定，并且预计在使用寿命结束时，该市场仍然存在。

在会计实务中，无形资产的残值通常较小，只有在特定情况下才可能较大。这些情况包括无形资产使用期限结束时，依据合约有权收到一定金额；或者对残值存在易于确定的市场价值。因此，在摊销无形资产时，只有当残值能够可靠计量时，才应考虑其影响。

对于商誉，通常认为其没有残值。

根据我国会计准则，在进行无形资产摊销时，通常不考虑残值因素，即假定残值为零。这种处理方式简化了会计核算，确保了财务报告的一致性和可比性。

（四）无形资产的减值

企业应当定期或者至少于每年年终时，检查各项无形资产预计能为企业带来未来经济利益的能力。如果预计可收回金额低于其账面价值，应当计提相应的减值准备。具体来说，当存在以下一种或多种情况时，应当计提无形资产减值准备：

第一，某项无形资产已被其他新技术等所替代，使其为企业创造经济利益的能力受到不利影响。

第二，某项无形资产的市价在当期大幅下跌，在剩余摊销年限内预期不会恢复。

第三，某项无形资产已超过法律保护期限，但仍然具有部分使用价值。

第四，其他足以证明某项无形资产实质上已经减值。

此外，当存在以下一种或多种情况时，应当将该项无形资产的账面价值全部转入当期损益：

第一，某项无形资产已被其他新技术等所替代，并且该项无形资产已无使用价值和转让价值。

第二，某项无形资产已超过法律保护期限，并且已不能为企业带来经济利益。

第三，其他足以证明某项无形资产已经丧失了使用价值和转让价值的情形。

为了核算企业计提的无形资产减值准备，需设置“无形资产减值准备”科目，并按单项无形资产计提减值准备。期末时，如果企业所持有的无形资产的账面价值高于其可收回金额，则应按其差额借记“营业外支出——计提的无形资产减值准备”，贷记

“无形资产减值准备”。如果已计提减值准备的无形资产价值得以恢复，应在已计提减值准备的范围内转回，借记“无形资产减值准备”，贷记“营业外支出——计提的无形资产减值准备”。期末时，“无形资产减值准备”科目的贷方余额反映了企业已提取的无形资产减值准备总额。

减值是指固定资产（包括有形固定资产和无形固定资产）或商誉的可收回金额低于其账面价值所引起的价值减少。

二、可辨认无形资产

（一）专利权

专利权是国家专利主管机关根据《中华人民共和国专利法》依法授予发明创造专利申请人的一种专有权利，这种权利在法定的期限内有效。专利权涵盖了发明专利权、实用新型专利权和外观设计专利权。

专利权不仅是智力劳动的成果，也是知识产权的重要组成部分。它的设立旨在保护发明创造，激励创新，推动发明创造的广泛应用，促进科学技术进步，加速科技成果向商业产品的转化，并满足社会主义市场经济的需求。

根据法律规定，申请专利需要遵循一定的法律程序，无论是发明专利、实用新型还是外观设计，都必须满足新颖性、创造性和实用性这三个基本条件。一旦被授予专利权，发明人的专利便受到国家法律的保护，确保其专有权利得到尊重和维护。

专利权是否有价值应看其是否具有降低成本，或者提高产品质量，或者可以转让出去获得转让费收入，从而能给持有者带来经济利益等特点。专利权在会计上的核算包括以下几个方面：

1. 专利权取得成本的确定与核算

无形资产的计价应当遵循历史成本原则，这意味着无形资产应以其在取得时实际发生的成本进行计量。这个成本包括了注册费、手续费、法律费等必要的费用。对于自制的专利权，理论上其成本还应包括在创造过程中产生的制图费、实验费、申请专利的法律登记费，以及聘请律师的费用。

然而，由于自行创造的专利权可能存在失败的风险，为了体现会计的谨慎性原则，在研究与开发阶段所产生的材料费用、参与开发人员的工资及福利费、租金、借款费用等，通常不计入无形资产的成本，而是直接计入当期损益。

此外，如果某项无形资产最终成功并依法申请取得了权利，那么之前已经作为费用计入损益的研究与开发费用，不得追溯调整或资本化。这样的处理确保了无形资产的计量反映了其真实成本，并且避免了因研发成功而对过往期间的财务报表进行调整，从而保持了会计信息的稳定性和可靠性。

2. 专利权的摊销及其核算

无形资产在入账后，应根据配比原则，在其使用期限内将成本分摊到各个受益期间。具体的摊销期限取决于合同规定、法律规定或企业的经营期限：

如果合同规定了受益年限，则无形资产应按照不超过该受益年限进行摊销。

如果合同未规定受益年限，但法律规定了受益年限，则应按照不超过法律规定的有效期限进行摊销。

如果企业的经营期限短于合同或法律规定的有效年限，则应按照不超过经营期限的年限进行摊销。

如果合同和法律都规定了受益年限，则应在两者中较短的期限内进行摊销。

如果合同和法律均未规定受益年限，则无形资产应按照不超过 10 年的期限进行摊销。

根据我国修改后的《中华人民共和国专利法》，发明专利的保护期限为20 年，实用新型和外观设计专利的保护期限为 10 年，均从申请日起算。在进行专利权的摊销时，会计分录为借记“管理费用——无形资产摊销”科目，贷记“无形资产——专利权”科目。这样的处理确保了无形资产的成本得到合理分摊，同时反映了其在财务报表上的逐渐消耗。

3. 专利权的转让及其核算

专利发明创造作为无形资产的一种形式，具有进入商品流通领域的能力，可以成为交易的对象。当专利权持有者决定不再使用或无法使用其专利时，他们可以选择将专利权转让给第三方。

专利权的转让是指专利权持有者将其专利权完全或部分转移给另一方，即受让人，以换取一定的报酬或价款。受让人通过这一过程成为新的专利权持有者。为了确保转让的合法性和有效性，双方必须签订正式的转让合同，并且需要向专利局进行备案，以完成转让程序。

（1）所有权转让

根据我国税法规定，当企业转让专利权的所有权时，需要缴纳营业税，税率通常为5%。这项税费应当计入“应交税金——应交营业税”科目。

在企业出售无形资产，如专利权时，相关的会计处理如下：

企业按实际取得的转让收入，借记“银行存款”等科目。

同时，如果该项无形资产已计提减值准备，应借记“无形资产减值准备”科目。

按无形资产的账面余额，贷记“无形资产——专利权”科目。

对于应支付的相关税费，包括营业税，贷记“银行存款”和“应交税金”等科目。

最后，根据转让收入与无形资产账面价值及税费的差额，如果产生收益，则贷记“营业外收入——出售无形资产收益”科目；如果产生损失，则借记“营业外支出——出售无形资产损失”科目。

这样的会计处理确保了企业在出售无形资产时，能够准确反映其财务状况和经营成果，同时符合税法规定的税务处理要求。

（2）使用权转让

企业出租无形资产所取得的租金收入，有借记“银行存款”等，贷记“其他业务收入”等；结转出租无形资产的成本时，应借记“其他业务支出”，贷记“无形资产——专利权”。

4. 专利权投资及其核算

专利权人有权将其专利权作为投资，以此获得投资收益。这种做法实质上是专利权人实现其专利价值的一种方式，可以视为自行实施专利的变通形式。

当专利权遭受侵权并引发诉讼时，诉讼结果可能是胜诉也可能是败诉。在会计处理上，诉讼费用的处理遵循以下惯例：

如果胜诉，诉讼费用通常应予以资本化，即计入专利权的成本中，因为胜诉可能增强了专利权的保护力度。

如果败诉，诉讼费用则应计入当期费用，同时，如果败诉导致专利权的商业价值受损或失效，可能还需要对专利权的成本进行相应的减值处理或注销。

这种处理方式有助于合理反映专利权的财务影响，确保企业的财务报告能够真实、公允地展示其资产状况和经营成果。

（二）商标权

商标是一种用于识别特定商品或服务的标识，通常由文字、图形或它们的组合构成。商标权赋予持有者在注册范围内独家使用其商标的独占使用权，以及排除和禁止他人侵犯这种独占使用权的禁止权。商标不仅有助于消费者识别产品来源，还关系商品的质量和商标的信誉。

商标权是知识产权的一种形式，它保护了商标的独占使用和品牌形象。在国际上，商标的构成不仅限于文字和图形，还可以包括包装容器的造型、声音、气味甚至颜色。

为了加强商标管理，保护商标专用权，确保商品质量，维护商标信誉，并保障消费者利益，促进知识经济的发展，我国在 20 世纪 80 年代颁布了《中华人民共和国商标法》，并对其进行了后续的修改。该法律明确规定，经过商标局核准注册的商标为注册商标，商标注册人享有商标专用权，并受到法律的保护。这为商标权的合法使用和保护提供了法律依据和保障。

商标权具有专有性、地域性和时间性三个主要的法律特征。专有性意味着商标注册人对其注册商标拥有独家使用权，未经许可，他人不得使用该商标。这种专有性体现为独占使用权和禁止权，允许商标注册人排除他人擅自使用其商标。地域性表明商标权仅在授予权利的国家有效，其他国家不认可其法律效力。时间性则指商标权有法定的有效期限，可通过续展注册延长，否则到期后效力终止。

商标权具有经济价值是因为它代表了企业商品的质量和信誉，能够吸引消费者，为企业带来超额利润。商标权可以通过自创并注册登记，或通过购买、接受投资等方式取得。自创商标的成本包括设计、注册、保护等费用，而广告宣传等费用通常不计入商标成本。外购的商标权成本则包括购买价款、登记费、法律费等。

商标权取得后应在有效期内进行摊销，有效期通常为 10 年，可续展。商标可以转让，但受让人需保证商品质量并限制再次转让。

会计核算中，商标权的取得、摊销和转让等可通过“无形资产——商标权”科目进行处理，具体核算方法与专利权类似。商标法规定了商标权的保护、转让和会计处理，确保了商标权的合法性和企业利益的维护。

（三）特许权

特许权，也称作经营特许权或专营权，涵盖了两种不同的权利类型。第一种特许权是企业在特定地区经营或销售特定商品的权限，这类权利通常由政府机构授予，允许企业在一定区域内专营某项业务，如水、电、邮电通信服务，以及烟草专卖等。这种特许权是一种政府授予的特权，往往涉及公共资源或对特定行业的管理。

第二种特许权是指企业间根据合同协议，一方允许另一方在有限期限或无限期限内使用其商标、商号、技术秘密等权利。例如，连锁企业的分店使用总店的名称和经营模式，这种特许权是基于企业间的商业合作。

无论是政府授权的特许权还是企业间相互授权的特许权，它们都为持有者提供了一定的市场优势和经营保障，有助于企业在特定领域内获得稳定的收入来源和市场地位。特许权的价值在于它提供了一种相对独家的经营权利，这在高度竞争的市场中尤为宝贵。

专营权，作为一种特殊的无形资产，具有独占性和无地域性。独占性意味着一旦企业获得了政府机构或其他企业的特许权，其他企业或个人就不能侵犯或使用这一权利。无地域性则表明专营权的授予可以跨越国界，不局限于某一特定地区。

在中国，特许权已经广泛应用于多个行业，如电力、煤气等公用事业单位，这些单位通常获得政府的特许权以经营其业务。此外，连锁超市、快餐业、出租车公司等也越来越多地采用特许权模式。特许权不仅为受让人带来无形的经济利益，而且往往是企业生存和发展的基石。一些经过精心经营的特许权甚至能够为企业创造巨大的利润。

企业在取得特许权时，可能需要支付一定的费用，这可能是一次性支付的总金额，也可能是分期支付的占用费。在会计核算上，企业应设立“无形资产——特许权”科目，并将初始支付的较大金额资本化。如果合同规定了特许权的期限，则应在该期限内进行摊销；如果没有规定期限，则应按不超过 10 年的期限进行摊销。摊销费用应计入管理费用。

对于那些按营业额分次支付的占用费，在支付时应直接计入当期费用。这样的会计处理确保了特许权的成本得到合理分摊，同时反映了企业在特许权方面的财务状况。

（四）土地使用权

土地使用权，即国家赋予企业在特定时段内对国有土地进行开发、利用与经营的专有权利。依据我国土地管理法的严格规定，我国土地制度坚守公有制原则，严禁任何单位或个人以侵占、买卖或任何非法形式进行土地转让。企业主要通过以下几种途径合法获取土地使用权：一是通过行政划拨方式直接获得；二是通过市场外购途径购得；三是接受投资者作为资本投入而取得。这些方式确保了土地使用的合法性与规范性。

土地，作为人类生存与发展的基石，其重要性不言而喻。在西方国家，土地被视为一种可自由交易的固定资产，但在我国，情况则截然不同。我国实行土地公有制，土地归国家所有，企业或个人仅能依据法律规定，在限定条件下对国有土地进行开发、利用和经营，严禁任何形式的侵占、买卖、出租及非法出让。

国家通过出让制度，在特定条件下，如地块、用途、年限等，将土地使用权赋予土地使用者，并要求后者按合同支付出让金。若土地使用者未能履行支付义务，土地管理部门有权解除合同，并保留追索违约赔偿的权利。而当土地使用权出让合同所规定的使用年限届满，土地使用者仍有继续使用的需求时，可依法申请续期。

一旦土地使用权人合法取得土地使用权，便拥有了通过买卖、赠予等合法途径将其转让给他人的权利。值得注意的是，转让后的土地使用权，其使用年限将基于原出让合同约定的年限，扣除原使用者已使用年限后的剩余年限来确定，从而确保土地使用权的有序性和可持续性。

土地使用权的会计核算是一个复杂而细致的过程，它涵盖了从取得转让、投资、赠予等环节。首先，无论企业是通过国家出让还是其他单位转让获得土地使用权，其成本构成均不仅限于直接的出让金或转让金，还包括了为开发利用土地而发生的迁移补偿费、场地平整费、丈量费及法律手续费等必要支出，这些均需纳入土地使用权成本进行核算。

在会计处理上，若企业采用分期支付土地使用权费用，则需以每次应支付使用费的现值入账，具体操作为借记“无形资产——土地使用权”科目，贷记“银行存款”科目。然而，值得注意的是，当土地使用权与地上附着物（如房屋、建筑物）一同购入时，依据我国房地产相关法规，土地使用权将不再单独确认为无形资产，而是作为固定资产的一部分进行核算。

此外，企业会计制度对于企业从事房地产开发活动的土地使用权处理也有明确规定。在开发过程中，企业需将相关土地使用权的账面价值一次性计入房地产开发成本，以实现成本的准确核算与分摊。

至于土地使用权的摊销，由于国家或企业在出让或转让时通常会规定其有效使用年限，因此企业应在该期限内合理摊销土地使用权成本。摊销时，一般通过借记“管理费用”科目，贷记“无形资产——土地使用权”科目来实现，以确保土地使用权成本能够随着时间的推移而逐步计入企业费用，反映土地使用权的真实成本效益。

（五）非专利技术

非专利技术，亦称专有技术，是指一类独特且未受法律直接保护，仅在特定生产经营活动中应用的技术与经验总和。这些技术不为公众所知悉，涵盖了工业、商业贸易及管理等领域的专有知识。非专利技术的表现形式多样，既可以是蓝图、配方、详尽的技术记录或操作方法指南等具体文献资料，也能通过卖方派遣技术专家进行现场指导，或接受买方技术人员参与实践学习等非物质方式传授。其核心特征在于经济性，即为持有人带来实际的经济利益；机密性可确保技术信息不被外部轻易获取；动态性随着技术进步与市场变化而不断更新发展。

三、商誉

（一）商誉的性质

随着企业并购市场的蓬勃发展，企业产权交易活动愈加频繁，商誉作为产权有偿转让过程中的产物，其重要性日益凸显。商誉，这一无形价值的形成，往往源于企业多方面的优势，包括但不限于地理位置的得天独厚、客户信任的深厚积累、组织管理的卓越高效、生产效益的显著领先，以及技术创新的独步领先等。这些优势共同构筑了企业超越行业平均水平的盈利能力，使得企业能够获取超额利润。

商誉的独特性在于，它与整个企业紧密相连，不可分割，也无法单独计量或出售其构成部分。与一般的无形资产相比，商誉的价值评估更为复杂，无法简单通过公式或方法单独衡量其各组成要素的价值，而只能在整体评估企业时予以确定。此外，商誉的未来收益潜力，在企业合并的情境下虽可识别，却往往与其形成过程中的实际成本无直接关联，甚至可能在没有明确成本投入的情况下自然形成。

综上所述，商誉是一种高度特殊化的无形资产，其不可单独交易、难以明确辨认或具体量化的特性，使其在企业价值评估与并购决策中占据举足轻重的地位。

（二）商誉的摊销

关于商誉的摊销策略，理论界存在三种主要观点。第一种观点认为，商誉在获取时应全额冲减所有者权益，而非作为资产入账。其核心理由在于商誉的特殊性：它难以辨认、不可分割，且不具备独立交易性，因而从本质上区别于传统资产如现金、应收账款或固定资产。此外，从会计处理的一致性出发，无论是自创商誉还是外购商誉，相关费用均应即时计入当期费用，而非资产化，以避免潜在的重复记账问题，特别是当企业为维持或提升商誉价值而额外支出时。外购商誉带来的收益期限难以精确界定，也是支持此观点的重要因素之一。

第二种观点则主张将外购商誉视为企业资产予以账面记录，但通常不摊销其价值，除非出现减值迹象。这一立场基于商誉可能拥有无限使用寿命的假设，并考虑到企业为保持和提升商誉价值所持续投入的资源。除非有明确证据表明企业获取超额利润的能力减弱，否则不应对商誉进行摊销，以免因摊销期间的不确定性导致会计信息的失真。

第三种观点则是将外购商誉既作为资产入账，又在其预计的有效使用年限内进行价值摊销。支持者认为，商誉的价值终将消耗，因此需将其初始成本分摊至影响期内，以符合会计的配比原则。在实务操作中，这一观点较为普遍采纳，且摊销年限的设定需综合考虑法律约束、行业竞争态势及技术革新等因素。具体而言，美国允许商誉摊销年限最长可达 40 年，而我国则规定不超过 10 年。进行商誉摊销时，会计分录通常借记“管理费用”，贷记“无形资产——商誉”。

第五章

财务会计负债及所有者权益管理

第一节　流动负债

一、流动负债的性质及分类

（一）负债的含义

负债，这一财务概念，深刻体现了企业因过去交易或事项而承担的现实义务，其本质蕴含了三层核心意义：

首先，负债本质上是一种经济上的责任或义务，它要求企业必须在未来某一时刻进行偿还。这种责任广泛存在于企业的运营中，包括但不限于应付账款、应付票据、应付债券等，以及如销售商在商品售出后所承诺的保证契约责任，或是服务行业基于合同预收费用后承诺在未来提供服务的责任等，均体现了负债作为经济责任的特性。

其次，负债的清偿过程，本质上意味着企业未来经济利益的让渡。无论是通过直接的现金支付，还是通过提供商品、劳务作为替代，抑或是采用债务重组如新负债替换旧负债的方式，负债的清偿最终都将导致企业经济利益的流出。这一过程是负债不可避免的经济后果，也是其作为财务义务的重要体现。

最后，负债是企业历史交易或事项的必然结果。它反映的是企业过去经济活动的累积效应，而非未来可能的、尚未发生的交易或协议。因此，那些仅代表未来合作意向的预约协议，如购货预约等，由于未涉及实际的经济业务往来，并不构成企业当前的负债责任。负债的这一特性，确保了其会计处理的严谨性和准确性。

（二）流动负债的性质及计价

流动负债，作为企业资产负债表中的重要组成部分，指的是那些预计在一年（含一年）内或不超过企业一个完整营业周期内需要偿还的各类债务。这一类别涵盖了广泛的财务责任，包括但不限于短期借款——企业从银行或其他金融机构借入的短期资金；应付票据——企业在商品交易或劳务提供过程中开具并承诺在较短期内兑付的票据；应付账款——因购买商品或接受服务而尚未支付给供应商的款项；预收账款——

在商品或服务实际交付前从客户处预先收取的款项；以及应付工资、应付福利费、应付股利等与员工薪酬和股东回报相关的负债。此外，应交税金、其他暂收应付款项、预提费用，以及一年内即将到期的长期负债等，也均属于流动负债的范畴。

流动负债的核心特征在于其较短的偿还期限，这一特性使得它成为企业筹集短期运营资金的关键渠道。通过合理管理流动负债，企业能够灵活应对日常经营中的资金需求，确保生产经营活动的顺利进行。同时，将流动负债与流动资产进行对比分析，是评估企业短期偿债能力、衡量其财务健康状况的重要手段之一。这一比较有助于揭示企业是否拥有足够的流动资产来解决即将到期的流动负债，从而判断其是否面临流动性风险。

从会计计量的角度来看，尽管理论上流动负债应按照其未来应付金额的贴现值来计价，以反映货币的时间价值，但由于流动负债的期限普遍较短，其到期值与贴现值之间的差异往往微不足道。因此，在会计实务中，为了简化操作和提高效率，通常直接按照流动负债的实际发生额进行入账处理。对于短期借款、带息的应付票据和短期应付债券等负债项目，企业会按照借款本金、债券面值及约定的利率计算并计提相应的利息费用，这些费用将直接计入当期的财务费用，从而影响企业的利润表和财务状况表。

综上所述，流动负债作为企业财务管理的重要方面，不仅关乎企业的短期资金筹措与运营，还直接影响其短期偿债能力和整体财务稳定性。因此，企业需密切关注流动负债的动态变化，采取有效措施加强对其的管理与控制，以确保企业的持续健康发展。

二、流动负债核算

（一）企业筹措资金过程中发生的流动负债

1. 短期借款

在企业的日常运营中，时常会遭遇资金周转的临时性紧张，为确保生产活动的连续性和稳定性，企业往往会选择向银行、信用社或其他金融机构筹措短期资金，这一行为便催生了短期借款的财务安排。短期借款特指企业从上述金融机构获取的、偿还期限不超过一年（包括一年）的借款资金。

在会计处理上，企业借入短期借款时，需遵循实质重于形式的原则，即按照实际到账的金额，借记“银行存款”账户，以反映企业银行账户资金的增加；同时，贷记“短期借款”账户，以记录企业新增的负债项目。而当企业按期偿还这笔借款时，会计处理则相反，借记“短期借款”以注销负债，贷记“银行存款”以反映企业银行资金的减少。

鉴于使用金融机构资金需承担一定的资金成本，即利息费用，这一费用被视为企业融通资金过程中的必要支出，并应合理计入当期损益，以真实反映企业的经营成果。对于短期借款利息的会计处理，需根据利息支付方式的差异而灵活调整：

若利息采用到期与本金一并支付的方式，企业需根据利息金额的大小及会计重要性原则进行判断。若利息数额较大，为反映各期经营成果，企业应选择按期计提利息费用，即借记“财务费用”以反映当期利息支出，贷记“预提费用”以记录尚未支付的利息负债。若利息金额较小，出于简化核算的考虑，企业可选择在利息到期与本金同时支付时，一次性借记“财务费用”，贷记“银行存款”或“现金”，将利息费用直接计入当期损益。

对于按期支付利息的情况，企业应在每期实际支付或收到银行计息通知单时，及时进行会计处理，借记“财务费用”以记录当期利息支出，贷记“银行存款”或“现金”以反映资金的实际流出，确保利息费用的及时确认与计量。

综上所述，短期借款及其利息的会计处理不仅关乎企业资金链的安全与高效运转，也是确保会计信息质量、维护投资者利益的重要环节。因此，企业应严格按照会计准则和相关规定，规范短期借款的取得、使用、偿还及利息费用的核算流程。

2. 一年内到期的长期负债

在企业追求扩大生产经营规模、进行固定资产投资的过程中，往往需要通过举借大量长期负债来满足资金需求。这些长期负债，在资产负债表日起，若其到期日距离当前时间点不超过一年，或跨越了一个完整的营业周期内的某个部分，尽管它们在会计分类上仍归属于长期负债类别，但从财务管理和决策分析的角度来看，应将其视为流动负债进行核算。这种处理方式的目的是反映企业短期内面临的偿债压力，有助于利益相关者评估企业的财务状况和流动性风险。

然而，在特定情境下，即使长期负债的到期日迫近，也不应将其转列为流动负债。具体而言，以下两种情况需特别注意：

无须动用流动资产或不会产生新流动负债的清偿方式：当企业拥有专门的“偿债基金”或其他非流动资产来源，足以解决即将到期的长期负债时，这部分负债的清偿并不会对企业的流动资产造成直接影响，也不会因此产生新的流动负债。在此情况下，将这类负债继续保留在长期负债项下是合理的，因为它们并不构成企业短期内流动资金管理的重点。

通过再融资方式清偿：如果企业计划通过发行新的长期债券或股票来置换即将到期的长期负债，那么这种再融资行为实际上是对原有负债期限的延长，而非立即以流动资产进行偿付。因此，在此类再融资计划明确且可实施的情况下，原到期负债无须转列为流动负债，因为它们并不直接反映企业当前的流动性压力。

综上所述，企业在处理一年内到期的长期负债时，应综合考虑负债的清偿方式、资金来源及其对企业流动资金状况的实际影响，灵活判断是否应将其转列为流动负债。这种灵活性的处理不仅有助于提升会计信息的准确性和相关性，还能为企业的财务管理和决策提供更为有力的支持。

（二）企业购销业务过程中发生的流动负债

1. 应付票据

应付票据，作为短期财务承诺的一种形式，特指企业签发的、承诺在未来一年或一个营业周期内特定日期向持票人支付固定金额的书面凭证。在我国当前的会计制度框架下，应付票据特指那些经过承兑的商业汇票，它们是企业间商品交易或服务提供过程中常见的支付工具。

商业汇票，作为应付票据的具体表现形式，是购货方向销货方开出的、承诺在将来某一具体日期偿付既定款项的期票。根据承兑主体的不同，商业汇票可分为银行承兑汇票和商业承兑汇票两大类：前者由购货方的开户银行负责承兑，信誉度较高；后者则由购货方自身直接承兑，信用基础依赖于企业自身。值得注意的是，商业汇票的兑付期限受到严格限制，最长不得超过六个月。

从利息负担的角度来看，应付票据可分为带息票据与不带息票据。带息票据明确标注了票面利率，到期时，除本金外还需支付按此利率计算的利息；而不带息票据无须考虑利息问题，到期仅支付票面金额即可。在我国企业实践中，不带息票据的应用更为普遍。

为准确记录与核算应付票据，企业应设立专门的“应付票据”会计科目。鉴于票据期限普遍较短，无论是带息还是不带息，应付票据通常均按其面值入账。在会计处理上，企业开出商业承兑汇票或以之抵付货款、应付账款时，会计分录涉及借记“物资采购”“库存商品”“应付账款”“应交税金——应交增值税（进项税额）”等科目，同时贷记“应付票据”。对于银行承兑汇票的手续费支出，则借记“财务费用”，贷记“银行存款”。票据到期付款时，通过借记“应付票据”、贷记“银行存款”来反映资金流出。若应付票据为带息类型，企业需按月计提利息费用，借记“财务费用”，贷记“应付票据”（利息部分）；票据最终兑付时，再将本金与未计利息一并支付，会计处理同上所述。若票据期限短且利息负担不重，企业也可选择到期时一次性计息，简化核算流程。

此外，鉴于企业往来客户众多，为强化应付票据管理，建议企业额外设立“应付票据备查簿”，详尽记录每笔应付票据的关键信息，包括但不限于票据种类、编号、签发与到期日期、票面金额、交易合同号、收款方名称、实际付款日期与金额等。随着票据的逐一兑付，相应记录在备查簿中予以注销。备查簿的具体格式可由企业根据自身管理需求灵活设计。

2. 应付账款

（1）应付账款的含义及其确认

应付账款是企业因采购材料、商品、获取其他资产或接受外部提供的劳务服务而产生的负债，这种负债的形成源于交易已经确立但付款被延迟的情况。理论上，应付账款的确认应发生在商品所有权正式转移至企业名下，或企业实际开始享用外部提供的劳务服务之时。然而，在实际操作中，考虑到应付账款的期限相对较短，且购货发票的接收与货物的实际到达时间往往紧密相随，会计处理上采取了一定的灵活性。

具体来说，当货物先于发票到达时，企业通常会等待货物完成验收入库程序后，再依据发票上的金额进行会计入账。这种做法旨在减少因货物数量或质量与发票不符而引发的后续调整工作，从而简化会计核算流程。相反，若发票先于货物到达，至会计期末仍未收到货物，为遵循会计配比原则，企业需根据发票记载的价格，在账面上预先确认物资采购成本，借记“物资采购”科目，同时贷记“应付账款”科目，以反映企业因未来到货而承担的付款义务。

另一方面，若企业在会计期末已收到货物但尚未收到相应的发票，为确保资产与负债的准确计量，企业需对该批货物进行暂估入账处理。这一步骤涉及借记“原材料”或相关资产科目，贷记“应付账款——暂估应付款”科目，以此暂时记录企业的资产增加及因未结算货款而产生的负债。待后续收到发票时，再根据发票金额调整之前的暂估记录，确保会计信息的准确性和完整性。

综上所述，企业在处理应付账款时，需结合实际情况灵活调整会计处理方法，既要确保交易的及时记录，又要避免不必要的会计调整工作，以维护财务信息的真实性和可靠性。

（2）应付账款的计价

在应付账款的会计处理中，针对购货时可能涉及的现金折扣问题，理论上存在总价法与净价法两种截然不同的计量方式。这两种方法的核心差异在于如何确定应付账款的入账金额及如何对待现金折扣的经济影响。

总价法下，企业按照未扣除现金折扣前的发票全额作为应付账款的入账价值。这意味着，无论最终是否在折扣期内付款，应付账款的初始确认金额均保持不变。若企业在折扣期内完成了付款并享受到了现金折扣，那么该折扣被视为一种额外的理财收益，通常在收到折扣时通过冲减“财务费用”科目来体现。这种方法强调了交易的原始金额，简化了会计处理流程，使得应付账款的核算更为直观。

相比之下，净价法则采取了更为谨慎的态度。它要求企业在确认应付账款时，就预先考虑到可能获得的现金折扣，并据此调整应付账款的入账金额，即按扣除最大现金折扣后的净额入账。然而，如果企业最终未能在折扣期内付款而丧失了现金折扣，那么这一损失被视为理财上的不利变动，通常通过增加“财务费用”来反映。净价法虽然更加精确地反映了企业因未能有效利用现金折扣而产生的经济后果，但其会计处理过程相对复杂，且要求对未来付款行为做出预测，这在实际操作中可能带来一定难度。

值得注意的是，在我国当前的会计准则体系下，企业并不被允许采用净价法来处理应付账款中的现金折扣问题。这意味着，无论购货交易是否涉及现金折扣，企业都应遵循总价法的原则，按照发票上的金额来确认应付账款，并在后续根据实际的付款情况来处理可能获得的现金折扣收益或丧失的折扣损失。这一规定旨在保持会计处理的统一性和可比性，同时简化企业的会计核算工作。

（3）应付账款的会计核算

在企业日常运营中，涉及材料、商品等物资的采购及劳务的接受时，常会遇到货物已验收入库但货款尚未结清的情况。针对此类业务，企业应依据相关凭证（如发票账单、随货同行发票等）上的实际价款进行会计处理。若凭证尚未取得，企业则应按暂估价先行入账，具体操作为借记“物资采购”“原材料”“库存材料”“库存商品”及“应交税金——应交增值税（进项税额）”等科目，同时贷记“应付账款”，以反映企业因采购物资或接受劳务而尚未支付的款项。

对于接受供应单位提供的劳务服务所产生的应付未付款项，企业应根据供应单位提供的发票账单，借记相应的成本或费用科目，如“生产成本”“管理费用”等，并贷记“应付账款”，以此记录企业的应付劳务费用。当实际支付款项时，会计分录则变为借记“应付账款”，贷记“银行存款”等，体现资金的流出。若企业选择以承兑商业汇票作为支付方式，则会计处理为借记“应付账款”，贷记“应付票据”，表明企业以票据形式承担了支付义务。

在购销业务中，存在购货单位预先支付货款的情况。此时，为清晰反映预付货款与后续购货业务之间的结算关系，企业应在预付货款时借记“预付账款”（注意此处更正为“预付账款”而非“应付账款”，以准确反映资金预付的性质），贷记“银行存款”等。待购货业务完成且物资验收入库，企业再根据发票账单上的应付金额，借记“原材料”“库存商品”及“应交税金——应交增值税（进项税额）”等科目，贷记“预付账款”。若需补付货款，则再次借记“预付账款”，贷记“银行存款”等。

关于应付账款的支付期限，虽多数情况下为短期，但偶尔也会因债权单位撤销或其他特殊原因而导致无法支付。此时，该笔应付账款实质上已转化为企业的一项意外收益，应按规定程序转入“营业外收入”科目，以体现企业经济利益的增加。这一处理既符合会计谨慎性原则，也确保了企业财务报表的真实性与完整性。

3. 预收账款

预收账款作为企业资金管理的重要环节，指的是企业依据合同条款，在向客户提供商品或服务之前，从购货单位或个人处预先收取的款项。这种预收模式广泛存在于企业的日常运营中，涵盖了从预收购货款、预收工程款、开发建设资金、购房定金到备料款和工程款等场景，体现了企业在交易过程中的资金安排策略。

为了准确记录与追踪预收款项的结算动态，企业应专门设立“预收账款”会计科目。在会计处理上，当企业收到预收款项时，会计分录表现为借记“银行存款”（或现金等相应科目），贷记“预收账款”，以此反映企业银行存款的增加及预收账款负债的形成。

随着交易进程的推进，当商品制造完成并交付给购货单位，或工程项目结算完毕后，企业需进行相应的会计调整。此时，会计分录涉及借记“预收账款”，贷记“主营业务收入”（或“工程结算收入”等相应科目），以此确认收入的实现，并减少预收账款的余额。值得注意的是，若企业在交付商品或服务时，实际收到的款项超出了预收款额，超出部分应借记“银行存款”，贷记相应的收入科目；反之，若预收款额超出实际应收款，则应将差额借记“预收账款”，贷记“银行存款”，确保会计记录的准确性。

此外，为了全面反映业务交易的完整流程，并便于会计记账凭证的编制与管理，企业在发出商品或完成服务时，即便已预收部分款项，仍应按商品或服务的全额价值进行会计处理。具体操作上，首先借记“预收账款”以冲减预收负债，贷记“主营业务收入”等科目以确认收入；随后，根据全额款项与已预收款项之间的差额，借记或贷记“银行存款”科目，以平衡会计分录，确保企业资产、负债与所有者权益的准确计量。

预收账款的会计处理不仅关乎企业资金的合理调配与利用，也直接影响到企业财务报表的真实性与透明度，因此需严格按照会计准则进行规范操作。

第二节　长期负债

一、长期负债的性质及分类

（一）长期负债的概念及性质

长期负债，作为企业财务结构中的重要组成部分，指的是那些偿还期限跨越一年或一个完整营业周期的债务负担。它不仅承袭了负债的基本属性，如代表企业未来经济利益的流出，还独具大额性、长期性和可分期偿还的显著特点。在企业的成长与扩张阶段，尤其是在需要大量资本投入以购置大型设备、不动产或进行设施改扩建时，长期负债成了企业筹措资金的关键渠道。

企业选择通过举债方式筹集长期资金，相较于依赖所有者权益融资，具有多方面的优势：

首先，长期负债的债权人，在企业的日常运营中不享有管理决策权或投票表决权，这意味着企业的大股东控制权不会因债务融资而被稀释，保障了企业治理结构的稳定性。

其次，债务融资不会改变企业的股权结构，债权人仅以固定的利息率为代价，获取利息收益，不参与企业利润分配。这一特性确保了每股收益的稳定性，避免了因新增债务而导致的股价波动，维护了股东的权益。

最后，从税务角度来看，长期负债的利息支出被视为财务费用，可在税前利润中直接扣除，有效降低了企业的所得税负担，享受到了国家税收政策。相比之下，股利分配则必须从税后利润中支付，无法享受此类税收优惠。

然而，长期负债同样伴随着一定的风险与挑战：

其一，无论企业经营业绩如何，企业均需按照约定利率向债权人支付利息，当投资回报率低于资金成本时，将直接侵蚀股东的股本收益率，影响企业的盈利能力。

其二，长期负债到期时，企业需要一次性偿付较大数额的本金，若企业资金链紧张，可能面临债权人追索甚至破产清算的风险，对企业的持续经营构成威胁。

其三，在企业破产清算的情境下，债权人相对于股东享有优先受偿权，这意味着企业的破产资产将首先用于清偿债务，可能进一步压缩股东的剩余财产分配空间。

综上所述，长期负债作为企业融资的重要手段，在提供资金支持的同时，也要求企业充分权衡其利弊，采取科学合理的财务管理策略，以确保企业的稳健发展。

（二）长期负债的分类

长期负债依据企业筹措资金的具体形式，可细分为三大类别：首先，长期借款，这一类别涵盖了企业从银行、信用社等金融机构获取的，还款期限超过一年（不含一年）的各类借款，既涉及人民币长期借款，也包括外币长期借款，是企业获取长期资金的重要途径之一。其次，应付债券，亦被称为长期应付债券或应付公司债券，指的是企业通过公开发行债券的方式筹集资金所形成的长期财务负担。债券作为一种法律约定的债务凭证，明确了发行人（企业）在未来特定时间内偿还本金及按固定利率支付利息的义务，是企业直接融资的重要手段。最后，长期应付款则用于核算企业除长期借款和应付债券之外的其他长期性应付款项，其范围广泛，包括但不限于通过补偿贸易模式引进国外设备所产生的应付价款，以及融资租赁固定资产时向出租方支付的租赁费用，这些款项的偿付期限同样跨越一年或更长时间，体现了企业在不同融资模式下的长期资金承诺。

二、长期负债的核算

（一）长期借款

长期借款，作为企业筹集长期资金的重要方式之一，特指企业从银行、信用社等金融机构借入的、偿还期限在一年以上的资金。为了准确反映和监督这类借款的筹集、使用及偿还情况，会计准则明确要求企业设立“长期借款”会计科目进行专项核算。在借款到账时，会计处理上表现为借记“银行存款”科目，以记录企业现金流的增加，同时贷记“长期借款”科目，以反映企业负债的增加。

针对长期借款所产生的利息支出，企业需遵循权责发生制原则，按期预提利息费用。若该借款专项用于固定资产投资，则在固定资产的购建期间，相关借款费用需进行资本化处理，即借记“在建工程”科目，以将其纳入固定资产成本，同时贷记“长期借款”科目，记录利息费用的计提。待固定资产竣工并交付使用后，后续的借款利息则不再资本化，转而计入“财务费用”科目，以反映借款对企业当期损益的影响。

对于非专项用于固定资产投资的长期借款利息，其处理方式为直接费用化，即在利息发生当期借记“财务费用”科目，贷记“长期借款”科目，直接计入当期损益。最终，在偿还长期借款本金及利息时，企业应借记“长期借款”科目，贷记“银行存款”科目，以反映企业负债的减少及资金的流出，从而完成整个借款周期的会计核算。

（二）企业债券

企业债券，作为企业筹集长期稳定资金的有效手段，是依据法定程序向公众发行的、明确承诺按期偿还本金并支付利息的书面承诺凭证。该凭证详细载明了发行企业的名称、债券的票面价值、约定的利率水平、本金偿还的具体期限与方式、利息支付的规则，以及债券的首次发行日期等关键信息。债券的发行方式依据其价格相对于面值的差异，可分为溢价发行、平价发行和折价发行。发行价格的设定受债券票面利率与市场当前利率水平之间的相互作用影响：当债券票面利率高于市场通行利率时，债券将以高于面值的价格出售，此种情形称为溢价发行；若两者利率相当，则债券以面值出售，即平价发行或面值发行；而当票面利率低于市场利率时，债券将不得不以低于面值的价格发行，这种情况便称为折价发行。这三种发行方式共同构成了企业债券多样化的市场定价策略。

为了核算企业的长期债券，企业设置“应付债券”科目，在该科目下设置“债券画值”“债券溢价”“债券折价”和“应计利息”四个明细科目。

1. 债券发行时的账务处理

当债券以平价方式发行时，会计处理上体现为企业按照实际从投资者处收到的款项金额，借记“银行存款”科目，以反映企业现金流的增加。同时，按照债券的面值金额，应贷记“应付债券——债券面值”科目，以此记录企业因发行债券而形成的负债。这一过程直观展示了债券发行时资金与负债的同步变化。

若债券采用溢价发行方式，会计处理则更为复杂。企业首先借记“银行存款”等科目，金额等于实际收到的款项（包括溢价部分），反映企业资金的实际流入。随后，在贷记方，企业需按照债券的面值贷记“应付债券——债券面值”科目，以确认负债的基本规模。对于超出面值的溢价部分，则贷记“应付债券——债券溢价”科目，此账户专门用于追踪并记录因票面利率高于市场利率而产生的额外负债。

对于折价发行的债券，会计处理同样体现了精细的财务考量。企业借记“银行存款”等科目，金额为实际收到的款项（低于面值），随后通过借记“应付债券——债券折价”科目来记录债券面值与实际收款之间的差额，这反映了市场对企业债券价值的低估。同时，企业按债券的面值贷记“应付债券——债券面值”科目，以全面反映企业的负债状况。

在债券发行过程中，若发生的费用（如承销费、律师费等）超过了发行期间因资金冻结而产生的利息收入，企业需将两者之差计入“财务费用”科目，这直接影响了企业的当期损益。特别是当所筹资金专项用于固定资产项目时，根据会计准则中关于借款费用资本化的规定，相关发行费用及后续利息支出在符合条件的情况下应予以资本化，即计入固定资产的成本，而非直接计入当期损益，这有助于更准确地反映固定资产的真实价值。

反之，若发行费用低于发行期间冻结资金的利息收入，则企业应将利息收入超出费用的部分视为债券发行的额外收益，具体处理上，这部分收益在债券存续期内，随着利息的计提而逐步摊销，通常通过调整每期利息费用的计提金额来实现，以确保债券的实际成本在债券生命周期内得到合理分摊。

2. 计息与到期还本付息时的会计处理

企业债券的持有期间，利息的计提是一项重要的财务工作，它不仅关乎企业的成本核算，也直接影响到利润表的准确性。对于按面值发行的债券，每期应计提的利息，根据债券的用途，借记“在建工程”（若债券资金用于固定资产建设）或“财务费用”（若债券资金用于一般运营），同时贷记“应付债券——应计利息”，以此反映企业因持有债券而产生的未来支付义务。

对于溢价或折价发行的债券，其利息计提过程更为复杂，涉及溢折价的摊销处理。溢价或折价作为债券发行时实际收款与票面金额之间的差异，代表了市场对企业债券价值的评估偏离，这种偏离需要在债券的整个存续期内通过合理的摊销方法进行调整，以真实反映每期的利息费用。摊销方法通常包括实际利率法和直线法，企业可根据自身情况和会计准则要求选择适用的方法。

在溢价发行的情况下，每期计提利息时，首先需按预定的摊销计划，借记“应付债券——债券溢价”，记录当期摊销的溢价金额，这减少了未来需支付的利息费用。接着，根据应计利息与溢价摊销额之差，借记“在建工程”或“财务费用”，反映调整后的实际利息费用。最后，贷记“应付债券——应计利息”，确认当期的利息负债。这一过程确保了溢价部分在债券存续期内逐步转回，利息费用得到合理分摊。

对于折价发行的债券，处理原则相反。在计提利息时，首先需将应摊销的折价金额与应计利息相加，合计数借记“在建工程”或“财务费用”，以体现因折价发行而需额外确认的利息费用。然后，贷记“应付债券——债券折价”，记录当期摊销的折价金额，这增加了未来可抵扣的利息费用。最后，贷记“应付债券——应计利息”，确认当期的利息负债。通过这种方式，折价部分在债券存续期内逐步转回，确保了利息费用的准确计量。

当债券到期，企业需实际支付债券本息时，会计处理相对直接，借记“应付债券——债券面值”以注销债券面值负债，借记“应付债券——应计利息”以注销累计的利息负债，同时贷记“银行存款”，反映企业资金的流出，从而完成债券发行至到期偿付的全过程。

3. 溢价和折价的摊销

债券溢价和折价的摊销方法有两种，即直线法和实际利率法。

（1）直线法

企业采取直线法进行溢折价的摊销，就是把债券的溢折价按照债券的期限平均分摊，每期的摊销数额相等，此方法的特点是计算比较简单。

（2）实际利率法

在企业采用实际利率法进行债券溢折价摊销时，其核心在于精确计算每期的利息费用、应付利息，以及溢折价的摊销额，以真实反映债券的实际成本及对企业财务状况的影响。具体而言，每期确认的利息费用是基于应付债券的账面价值（债券的初始账面金额减去已摊销的溢折价）与实际利率的乘积得出。这里，实际利率是使债券未来现金流量的现值等于债券当前账面价值的折现率，它反映了市场对债券风险的评估。

与此同时，每期确认的应付利息则是根据债券的面值与票面利率的乘积计算得出，这代表了债券持有人按约定应获得的利息回报。票面利率是债券发行时确定的固定利率，用于计算每期应支付的利息金额。

而每期溢折价的摊销额，则是上述两者之间的差额，即实际利息费用与应付利息之间的不同。这一差额反映了债券溢折价在债券存续期内的逐步调整过程，确保了债券的实际成本能够按照市场条件得到合理分摊。

值得注意的是，在计算实际利率时，必须考虑到债券利息的偿还方式。不同的偿还方式（如到期一次还本付息、分期付息到期还本等）会影响未来现金流量的时间分布，进而影响到实际利率的计算。因此，企业应根据债券的具体条款和市场条件，选择合适的公式进行计算，以确保实际利率的准确性和适用性。通过采用实际利率法，企业能够更加科学地进行债券溢折价的摊销处理，提高财务信息的准确性和可比性。

①分次付息，一次还本方式。

债券面值 ± 债券溢折价 = 债券到期应付本金的贴现值 + 各期实付的债券利息的贴现值

②到期一次还本付息方式。

债券面值 ± 债券溢折价 = 债券到期应付本息和的贴现值

4. 可转换公司债券的会计处理

可转换公司债券作为一种独特的融资工具，允许发行人依据法定流程发行，并赋予债券持有人在特定条件下将其转换为发行公司股份的权利。其核心魅力在于其灵活性：当公司股价攀升至较高水平时，持有人可选择将债券转换为股票，从而分享公司成长的果实；反之，若股价低迷，持有人则可保留债券身份，到期安全收取本息，规避了直接持股可能面临的市值波动风险。这一特性极大地增强了可转换债券对投资者的吸引力，同时为发行企业提供了缓冲，减轻了未来集中偿债的财务压力，因此，越来越多的企业倾向于利用可转换公司债券作为筹资手段。

在会计处理上，为准确反映可转换公司债券的发行、持有及转换过程，企业应专设“可转换公司债券”会计科目。债券发行时，遵循一般公司债券的会计处理原则，记录初始交易及后续计息与溢折价摊销事项。在债券持有人尚未行使转换权之前，企业应持续按照既定利率计提利息，并根据实际利率法或直线法等方法摊销溢折价，确保债券成本的合理分摊。

一旦债券持有人决定行使转换权，会计处理将发生转变。此时，企业需将债券的账面价值从“可转换公司债券”科目转出，同时按转换所得股份的面值增加“股本”科目余额。若转换过程中还涉及向持有人支付现金，则相应贷记“现金”科目。转换价值超出股份面值的差额（扣除已支付的现金后），应视为资本增值，贷记“资本公积”科目，以反映企业资本结构的变动及股东权益的增加。

若债券持有人在整个可转换期间内未行使转换权，则债券将按常规到期处理，企业需准备足够的资金以偿还债券本金及最后一期的利息，会计分录上体现为借记“可转换公司债券”，贷记“银行存款”，标志着债券生命周期的结束。通过这一系列精细的会计处理流程，企业能够准确记录并报告可转换公司债券的发行、持有、转换及偿还情况，为内外部利益相关者提供有价值的财务信息。

（三）长期应付款项

长期应付款项是指企业除长期借款和应付债券以外的其他各种长期应付款项，主要包括采用补偿贸易方式下的应付引进国外设备款和融资租入固定资产应付款等。企业对其进行会计核算时，应设置“长期应付款”科目，在该科目下设“应付引进设备款”和“应付融资租赁款”两个明细科目。

1. **应付引进设备款**

企业在采用补偿贸易模式引进国外设备时，其会计核算过程需细致且全面地反映交易各环节的资金流动与资产变化。首先，企业需按照设备及其附带物资（如工具、零配件等）的外币总额，以及合同或协议规定的汇率，将外币金额折算为人民币，借记“在建工程”科目，以反映设备引进项目的在建状态及相应成本累积；同时，贷记“长期应付款——应付引进设备款”，记录企业因引进设备而产生的长期负债。

接下来，当企业使用人民币借款来支付与设备进口相关的关税、国内运输及杂费，以及安装费用时，应借记“在建工程”，增加该项目的在建成本；同时，贷记“银行存款”或“长期借款”等科目，反映企业资金的流出及借款的增加（若适用）。

随着设备的安装调试完成并正式交付生产使用，企业需将设备及其引进过程中产生的所有费用（包括设备原价、关税、运输费、安装费等）从“在建工程”科目转出，借记“固定资产”，确认设备作为长期资产的入账价值；同时，贷记“在建工程”，标志着设备引进项目从建设阶段转入使用阶段。

在偿还引进设备款项时，企业应借记“长期应付款——应付引进设备款”，表示长期负债的减少；贷记“银行存款”或其他相应科目，反映企业资金的流出，完成负债的清偿。

此外，对于随设备一同购进的专用工具和零配件等，当其达到可使用状态时，应根据其性质分别借记“原材料”或“低值易耗品”等科目，以准确分类并管理这些辅助性资产；同时，贷记“在建工程”，确保“在建工程”科目余额仅反映尚未完工或交付使用的建设项目成本。

通过上述会计处理流程，企业能够全面、准确地记录补偿贸易方式下设备引进的全过程，包括资金筹措、费用支付、资产确认及负债清偿等关键环节，为企业的财务管理与决策提供有力支持。

2. **应付融资租赁款**

企业在采用融资租赁方式获取固定资产时，首要步骤是与出租方签订正式的融资租赁合同，以确保双方权益得到法律保障。融资租赁合同不仅明确了租赁期限、租金支付方式等关键条款，还界定了租赁期间固定资产的使用权与潜在所有权转移条件。

关于融资租入固定资产的租赁费用计价，企业应严格遵循合同规定，以出租方实际交付该资产至承租方可供使用时的全部合理支出为基础。这些支出通常涵盖固定资产的原价、必要的运输费用、保险费用、安装调试成本，以及融资过程中产生的利息和手续费等。这一计价方式全面反映了资产获取的实际成本，为后续的会计处理和财务决策提供了坚实基础。

在会计处理上，融资租入固定资产的租赁费用需根据其用途进行划分。若该资产直接服务于特定工程项目，其租赁费用应计入该专项工程的支出中，同时，企业应在负债端确认相应的长期应付款项，以反映未来需支付的租金义务。值得注意的是，当融资租赁合同明确约定运输费、安装调试费等由承租方承担时，这些费用虽不计入租赁费用总额，但在实际发生时仍需直接计入专项工程支出，以准确反映工程成本，但此类费用不作为长期负债处理。

租赁期间，企业应按照融资租赁合同规定的租赁期限和偿还计划，按期支付租金。这一过程中，企业需密切关注资金流动性，确保按时足额偿还租金，以维护良好的信用记录并避免可能的违约风险。

随着租赁期满且所有租金偿还完毕，根据合同条款，该固定资产的所有权将正式转移至承租企业。此时，企业需在资产负债表中调整固定资产的权属记录，将其从租赁资产转为自有资产，同时注销相应的长期应付款项，以全面反映企业资产结构的变化。这一过程不仅标志着融资租赁交易的圆满结束，也为企业未来的生产经营活动提供了更加坚实的物质基础。

（四）专项应付款

专项应付款，作为企业财务管理中的一个重要科目，专门用于核算企业从国家政府或特定机构接收的、具有明确指定用途的资金拨款，这些拨款通常旨在支持企业的特定项目，如技术改造升级、科学研究探索等，以及可能来自其他非政府渠道的专项资助。为了准确记录与追踪这些资金的流入、使用及最终处置情况，企业需设立“专项应付款”会计科目。

在会计处理流程上，当企业实际收到专项拨款时，首先需借记“银行存款”科目，以反映企业银行账户资金的增加；同时，贷记“专项应付款”，记录企业因接收专项拨款而形成的负债及资金使用的限制条件。

随着拨款支持项目的推进与实施，当项目完成并形成固定资产时，企业需根据固定资产的实际建造成本进行会计处理。此时，借记“固定资产”，反映企业资产结构的增加；同时，根据资金来源的不同，可能涉及贷记“银行存款”或“现金”等科目，记录实际支付的款项。更为重要的是，企业还需借记“专项应付款”，表示专项拨款资金的部分或全部已用于指定项目，并贷记“资本公积”，以体现拨款资金对企业资本结构的正面影响，即将外部拨款转化为企业内部的资本积累。

若拨款项目完成后未形成固定资产，或存在需核销的部分费用，企业同样需通过借记“专项应付款”科目，并贷记相应费用科目，来准确记录这部分资金的最终去向，确保专项拨款的专款专用与合规核销。

最后，在拨款项目全面完工后，若存在拨款结余需返还给拨款方的情况，企业应借记“专项应付款”，表示专项负债的减少；同时，贷记“银行存款”，反映企业资金的流出，从而完成整个专项拨款项目的会计闭环处理。

通过上述一系列精细的会计处理步骤，企业能够确保专项应付款的每一分钱都用得其所、记得其所，不仅满足了外部监管的要求，也为企业内部的财务管理与决策提供了有力的数据支持。

三、借款费用

（一）借款费用的概念

借款费用是指企业因借款而发生的利息、折价或溢价的摊销和辅助费用，以及因外币借款而发生的汇兑差额。借款费用包括短期借款费用和长期借款费用。

（二）借款费用的内容

借款费用作为企业财务成本的重要组成部分，涵盖了多个维度，主要包括因借款行为直接引发的利息支出、债券发行过程中可能产生的溢折价、借款操作环节所涉及的辅助性开支，以及外币借款因汇率波动导致的汇兑损益。然而，值得注意的是，我国会计准则明确界定了借款费用的范畴，特别排除了两项特定费用：一是与融资租赁交易紧密相关的融资费用，这类费用因其特殊性而被单独处理；二是房地产商品开发流程中产生的借款相关费用，这些费用往往被视为项目开发成本的一部分，而非一般意义上的借款费用。

对比国际会计准则，其对借款费用的定义虽与我国大体相似，但在具体涵盖内容上存在差异。国际会计准则所列举的借款费用更为广泛，具体包括银行透支、短期及长期借款的利息支出、与借款直接相关的折价或溢价的分期摊销、借款安排过程中产生的附加成本的摊销，以及外币借款因汇率变动而作为利息费用调整部分的汇兑差额。这些规定反映了国际会计准则在处理跨国企业融资活动时的全面性和灵活性。

我国会计准则在界定借款费用时，相较于国际会计准则，更为聚焦且有所限制，主要体现在对融资租赁融资费用和房地产开发借款费用的排除上。这种差异体现了不同会计准则体系在适应各自经济环境和监管需求方面的独特考量。

下面就我国会计准则的借款费用具体内容讲述如下：

1. 因借款而发生的利息

因借款而发生的利息，包括企业从银行和其他金融机构等借款发生的利息，发行债券发生的利息，以及承担带息债务应计的利息等。

2. 发行债券而发生的折价或溢价的摊销

在企业的融资活动中，发行债券作为一种常见的筹资方式，往往会伴随折价或溢价的发生。这些折价或溢价主要是债券的市场利率与票面利率之间的差异所导致的，反映了市场对债券未来现金流现值的评估。对于因借款（特别是债券发行）而产生的折价或溢价，其摊销过程实质上是对借款利息成本的一种动态调整，因此，它们被纳入借款费用的范畴。

为了准确反映借款的实际成本及其对企业财务状况的影响，企业需要在债券的整个存续期间内，对折价或溢价进行系统的分期摊销。这一摊销过程不仅有助于平滑各期利息费用，还能确保债券的账面价值逐步向其实际经济价值靠拢。

在进行折价或溢价摊销时，企业拥有一定的灵活性，可以根据自身实际情况和会计准则的要求，选择适用的摊销方法。其中，实际利率法是一种较为精确的方法，它基于债券的实际市场利率来计算每期的摊销额，从而确保利息费用的准确计量。而直线法则相对简单，它将折价或溢价平均分摊到债券的各个计息期间，虽然操作简便，但在某些情况下可能无法准确反映借款成本的变化。

折价或溢价的摊销是借款费用管理中的重要环节，它通过对利息成本的动态调整，确保了企业财务报表的真实性和可比性。企业在选择摊销方法时，应综合考虑各种因素，以制定出最适合自身情况的摊销策略。

3. 与借款或债券发行有关的辅助费用

在企业的融资活动中，借款过程往往伴随着一系列辅助性费用的产生，这些费用统称为因借款而发生的辅助费用。具体而言，辅助费用涵盖了诸如手续费、佣金、印刷费，以及承诺费等开支，它们是企业为成功筹集资金所必须支付的成本。这些费用的发生，直接关联于借款的安排与实现过程，是借入资金不可或缺的一部分代价。

鉴于辅助费用与借款行为的直接相关性及其对融资总成本的贡献，会计准则明确将其纳入借款费用的范畴。这意味着，企业在计算借款成本、评估融资效率，以及进行财务决策时，必须充分考虑这些辅助费用的影响。通过将这些费用作为借款费用的组成部分，企业能够更全面地反映借款行为的真实经济后果，从而做出更加科学合理的财务安排。

4. 因外币借款而发生的汇兑损益

外币借款所伴随的汇兑差额，是指在借款期间，由于国际金融市场汇率的波动，导致外币借款本金及其累积利息在转换为记账本位币时所产生的价值变动差额。这种汇兑差额直接关联于外币借款活动，其产生根源在于汇率的不稳定性，是企业在进行跨境融资时不可避免的经济现象。

由于汇兑差额直接影响了企业借款成本的实际承担情况，以及未来现金流量的预测与规划，因此，根据会计准则的规定，这部分差额被明确纳入借款费用的核算范畴之内。这意味着，在评估外币借款的总体成本时，企业必须将汇兑差额作为借款费用的一部分进行综合考虑，以确保财务分析的全面性和准确性。

（三）借款费用的会计处理

1. 借款费用确认的原则

关于借款费用的会计确认，国际间存在两大主流理论分歧：资本化与费用化。资本化理论主张，长期负债多为获取长期资产而筹措，其伴随的借款费用（如利息）与所购置资产紧密相关，构成资产历史成本的一部分，特别是在资产达到预定可使用状态前，相关借款费用应视为资产成本的一部分进行资本化处理。此观点基于“收入与费用配比原则”，认为这样做能更真实地反映资产成本，增强不同筹资方式下资产成本的可比性。同时，它避免了借款费用直接计入当期损益可能导致的利润波动，确保各期损益的合理性。

费用化理论则强调，借款费用作为筹资活动的直接成本，与资金的具体运用无直接联系，故应直接计入当期损益，以反映企业当前财务负担的真实状况。该观点认为，资本化处理会导致相同资产因筹资方式不同而产生成本差异，削弱资产成本之间的可比性，尤其是当部分资产通过带息债务融资，而另一部分通过权益融资时，这种差异尤为显著。费用化处理则遵循稳健性原则，使财务报表能更清晰地展示企业各期间的财务表现，增强现金流量的可预测性，因为利息费用直接反映了当前的融资成本和负债水平，而非资产购置活动的直接结果。

2. 借款费用资本化金额的确定

借款费用资本化，作为会计处理中的一种重要原则，涉及将借款成本作为购置特定资产（如固定资产）历史成本的一部分进行核算。在会计实践中，关于如何具体实施借款费用资本化，存在两种不同的观点。

第一种观点主张全面资本化策略，即不论专门借款的实际使用量如何，当期因该借款产生的全部借款费用（如利息）均应计入购建固定资产的成本。这一观点的逻辑基础在于，既然借款是专为购建该固定资产而筹集，那么借款期间产生的所有费用自然应视为该资产构建成本的一部分，以全面反映资产的实际经济价值。

另一种观点则采取更为精细化的资本化策略，强调仅将实际用于购建固定资产的专门借款金额所产生的借款费用计入其成本。这意味着，对于未投入固定资产购建的专门借款部分所产生的费用，不应计入固定资产成本，而应直接计入当期损益。这一观点体现了费用与资产成本之间的直接配比原则，认为只有那些直接服务于资产构建的借款费用才应被资本化，从而避免了不必要的成本夸大，确保了财务报表的准确性和相关性。

（四）借款费用资本化的起止时间

1. 借款费用资本化的开始

与国际会计准则和其他大多数国家或地区会计准则的规定大体相同，我国会计准则规定：以下三个条件同时具备时，因专门借款而发生的利息、折价或溢价的摊销和汇兑差额应当开始资本化。

（1）资产支出已经发生

资产支出，作为衡量企业为购建或升级固定资产所实际投入资源的核心概念，涵盖了多种形式的财务承诺与资源转移。这些支出不仅关乎企业现金流的直接减少，还涉及非现金资产的调配及未来财务义务的承担，共同构成了固定资产构建成本的重要组成部分。以下是对资产支出各组成部分的详细阐述与扩写：

支付现金：这一形式直接体现了企业以货币资金形式对固定资产购建活动的实质性投入。它包括但不限于使用现金、银行存款或其他形式的货币资金来购买工程所需材料、设备，以及支付建造过程中涉及的各类直接费用，如建筑工人的薪酬、设计咨询费等。这种支出方式直观且即时反映了企业资源的流出，是固定资产构建成本中最直接、最显而易见的组成部分。

转移非现金资产：此形式下的资产支出涉及企业内部资源的再分配与利用，是企业优化资源配置、提升资产使用效率的重要手段。具体而言，企业可能将自产产品、闲置设备等非现金资产用于固定资产的建造与安装，这不仅减少了现金流出，还促进了内部资源的循环利用。此外，企业还可能通过非货币性交易，如以自产产品换取建造所需的物资，从而间接实现资产支出的目的。这种支出方式虽然不直接减少企业的货币资金，但同样代表了企业对固定资产构建活动的实质性贡献。

承担带息债务：这是一种较为隐蔽但影响深远的资产支出形式。当企业以赊购方式获取工程物资时，若所承担的债务附带利息条款，则意味着企业在未来期间需为这部分债务支付利息费用。尽管在债务偿付前企业并未直接支付现金，但利息负担的存在使得该债务实质上构成了企业的一项未来现金流出义务。因此，将带息债务视为资产支出的一部分，不仅符合会计的谨慎性原则，也更能准确反映固定资产构建活动的全貌。在计算应予资本化的借款费用时，带息债务所承担的利息支出应被纳入考虑范围，以确保固定资产成本的完整性与合理性。

资产支出的多样化形式体现了企业在固定资产构建过程中的多维度投入与财务承诺。无论是直接的现金支付、非现金资产的内部调配，还是未来期间需承担的带息债务，都共同构成了固定资产构建成本的重要支柱，为企业的长期发展奠定了坚实的基础。

（2）借款费用已经发生

借款费用已经发生是指已经发生了购建固定资产而专门借入款项的利息、折价或溢价的摊销、辅助费用或汇兑差额。

（3）资产的预定使用状态达成

资产的预定使用状态达成，核心依赖于一系列必要的购建活动，这些活动本质上聚焦于资产的实体构造与安装过程。所谓“开始状态”，特指实体层面的购建工作已正式拉开序幕，标志着从理论规划向实际操作的转变。值得注意的是，仅仅完成了土地使用权的获取，比如购置了建筑用地，而尚未启动任何针对该土地上建筑物的实质性建造活动，并不能视为购建活动的开始状态。这一界定强调了实体建造活动的启动对于资产达到预期使用状态的关键作用，确保了会计确认与计量的准确性，避免了因概念模糊而导致的财务处理不当。

2. 借款费用资本化的暂停

在固定资产购建过程中，若遭遇非正常中断，且此中断状态持续超过 3 个月，根据会计准则的要求，企业应暂停对借款费用的资本化处理，转而将这些费用直接计入当期损益，以反映该期间内企业因融资活动而产生的实际财务负担。这一调整旨在确保财务报表能够真实、准确反映企业的财务状况和经营成果，避免将非活跃期间的融资成本错误资本化至固定资产成本中。

然而，也存在特殊情况，即某些中断是完成固定资产购建项目、使其达到预定可使用状态所不可或缺的步骤或程序。在此类情形下，尽管购建活动表面上看似暂停，但实质上是项目进展的必要环节，因此借款费用的资本化不应受到影响，而应继续进行。这要求企业在判断中断性质时保持高度的审慎与专业性，准确区分正常项目流程中的暂停与真正的非正常中断，从而做出恰当的会计处理决策。

3. 借款费用资本化的停止

（1）不需要试生产或试运行的固定资产

当所购建的固定资产达到预定可使用状态时，标志着该资产已准备就绪，可供购买方或建造方投入使用，此时应即刻停止对该资产相关借款费用的资本化处理。自此之后，所有新产生的借款费用应直接计入费用，反映在企业当期的损益表中。预定可使用状态的判定，是基于一系列实质性条件的综合考量，具体包括但不限于以下几方面：

实体建造与安装的完成：固定资产的实体建造工作，包括必要的安装流程，需已全部完成或实质上已接近尾声。这意味着资产在物理形态上已具备基本的使用条件，无须进一步的重大构建活动。

符合设计要求与合同标准：所购建的固定资产需与设计规格或合同条款的要求相一致或基本相符。即便存在个别细微之处与设计或合同存在偏差，但这些偏差不应妨碍资产的正常使用。

后续支出的有限性：对于该固定资产，后续预计发生的支出应显著减少或几乎不再发生。这表明资产的构建活动已接近完美状态，无须进一步的大量资金投入即可完成最终的调试与准备。

预定可使用状态的判定是一个全面而细致的过程，需要综合考虑资产的实际构建情况、设计合规性，以及后续支出的必要性等维度。只有当这些条件均得到满足时，方可确认固定资产已达到预定可使用状态，并据此调整借款费用的会计处理方式。

（2）需要试生产或试运行的固定资产

如果所购建的固定资产需要试生产或试运行，则在试生产结果表明资产能够正常生产出合格产品时，或试运行结果表明能够正常运转或营业时，就应当认为资产已经达到预定可使用状态。

（3）购建固定资产部分完工的处理

在复杂的大型固定资产购建项目中，往往并非整体一次性竣工，而是采用分部分、分阶段的方式逐步完成。针对这种情况，借款费用的资本化停止时机需根据各部分的完工状态及其相互依赖性来具体判定，主要分为以下两种情形进行细致处理：

第一种情形是，当所购建固定资产的各个独立部分分别达到完工状态时，若这些部分即便在整体项目其他部分仍在继续建造的过程中，也能独立提供使用功能，并且为使该部分达到预定可使用状态所必需的所有购建活动（包括实体建造、安装调试等）在实质上已经完成，那么可以认为该部分资产已经具备了独立的经济价值和使用价值。此时，企业应停止对该部分资产相关的借款费用进行资本化，因为这些费用不再直接服务于该部分资产的进一步构建，而是应作为已完工部分的持有成本或财务费用处理。

第二种情形则涉及资产各部分的相互依赖性和整体性要求。在这种情况下，尽管固定资产的各个部分可能已分别完工，但整个项目的设计或功能要求这些部分必须作为整体来协同工作，只有在整体项目全部竣工后，才能共同发挥预定的使用效能。因此，对于这类项目，借款费用的资本化不应因部分完工而提前停止。相反，企业应继续将借款费用资本化至整个固定资产项目全面竣工之时，以确保所有为项目整体构建所筹集的资金成本能够公平分摊至各组成部分，从而准确反映固定资产的总成本。

第三节 所有者权益

一、所有者权益的性质和构成

（一）所有者权益的性质

1. 性质不同

企业与债权人及所有者之间的经济关系，建立在清晰界定的权利与义务基础之上，各自享有不同的收益方式并承担不同的经济责任。债权人通过与企业签订具有法律效力的借贷协议，确立了其按约定条件收取本金及利息的权利，这种关系相对明确且稳定，债权人的收益预期主要受合同条款保护，较少直接暴露于企业的日常经营风险之中。

相比之下，所有者作为企业的股东，其收益则与企业的经营绩效紧密相连。所有者依据公司的盈利状况及既定的分红政策获得分红收入，这意味着其不仅享有企业增长的潜在利益，同时直接承担着企业运营的所有风险，包括市场波动、经营不善乃至外部环境变化等带来的不确定性。因此，从风险共担的角度来看，所有者在企业经济关系中扮演着更为核心的角色，他们的利益与企业的命运紧密相连，共同面对并承担企业的经营风险。

2. 权利不同

债权人与企业之间的关系纯粹基于债权债务框架，他们仅享有按约定条件收回本金及利息的权利，既不涉足企业的日常运营管理，也不参与利润分配，其角色相对被动且收益预期明确。而所有者，作为企业的权益投资者，不仅拥有法定权利直接参与或委托管理企业，还享有更为广泛的权益范畴。这些权益超越了简单的利息回报，涵盖了可能更为可观的股利分配，以及对企业未分配净利润（留存利润）的所有权。这种安排体现了所有者对企业经营成果的直接利益关联和风险控制责任。

从会计基础等式“资产 - 负债 = 所有者权益”出发，所有者权益被视为企业资产减去负债后的剩余权益，本质上是一种对净资产的求偿权。然而，会计计量作为这一过程的核心环节，其准确性受到多种外部因素（如物价波动、货币价值变化、汇率变动等）的影响，这些因素可能导致会计记录与企业的实际经济状况之间存在偏差。因此，会计账面上反映的所有者权益更多是一种理论上的、基于特定会计假设和原则计算得出的数值。

在企业面临停业清算的特殊情境下，所有者权益的真实价值得以最终检验。此时，所有者实际享有的权益不再是账面上的数字，而是企业全部资产经过清算程序后，扣除所有负债所剩余的净额。这一净额直接反映了企业在清算时刻的净资产现时价值，是所有者权益最为真实、直接的体现。因此，从实质上看，所有者权益不仅是账面上的剩余权益，更是企业在任何给定时刻净资产的经济价值的直接反映。

3. 偿还责任不同

负债作为企业的一种财务义务，通常伴随着明确的偿还期限和利息支付要求。债权人依据借款合同规定的利率定期收取利息，并在借款到期时收回本金。这种安排为债权人提供了相对稳定的收益预期，因为利息收入和本金偿还的时间点大多预先确定，较少受企业日常经营波动的影响。因此，从风险承担的角度来看，债权人的风险相对可控，他们主要面临的是信用风险，即企业是否能按时足额偿还债务。

相比之下，所有者权益代表了投资者对企业净资产的所有权，这种权益在企业持续经营期间通常是不允许投资者随意抽回的。投资者通过持有股份成为企业的所有者，其投资回报直接与企业的经营成果挂钩。这意味着当企业经营良好、盈利增加时，投资者有权分享更多的利润；反之，若企业经营不善、亏损严重，投资者也将承担更大的损失。因此，与债权人相比，投资者面临的风险更高，但同时享有更大的潜在收益，包括可能高于市场平均水平的股息分红，以及企业未分配利润的增值部分。

4. 偿还顺序不同

企业对债权和所有权满足的先后顺序不同，一般规定债权优先于所有权，债权是第一要求权，表现为在企业清算时，对企业的剩余资产的要求权，债权人要先于所有者。

（二）所有者权益的构成

1. 投入资本

投入资本，作为企业运营的资金基石，构成了所有者权益的核心，它直接反映了企业投资者实际注入的经济资源。这些资源根据投资者的不同身份和属性，可细分为国家资本、法人资本、个人资本，以及外商资本等类别，每一类都代表着特定投资者群体对企业的贡献与支持。

与投入资本紧密相伴的是注册资本这一概念，它在企业成立之初便扮演着至关重要的角色。注册资本是企业向工商行政管理部门正式申报并记录在册的资本总额，它不仅是企业法律地位的象征，也是企业对外承担责任能力的量化体现。在注册资本的筹集过程中，若采用分期到位的方式，那么在最后一笔资本缴足之前，企业的实际投入资本往往会小于其注册登记的资本总额，这反映了企业资本筹集过程的动态性和阶段性特征。

投入资本与注册资本虽紧密相关，但在具体含义和运作机制上各有侧重。投入资本强调的是投资者实际投入企业的经济资源及其构成，而注册资本是企业法律层面的资本承诺，两者共同构成了企业资本结构的基石，影响着企业的运营策略、风险承担能力及市场信誉。

2. 资本公积

投入资本作为所有者权益的主要来源，明确指向了具体的投资者群体，这些投资者通过资金投入成为企业的共同所有者。然而，在企业的财务结构中，还存在一种特殊形式的所有者权益，它不直接对应特定的投资者，也不直接源自企业的盈利活动，这种权益被称为资本公积。

资本公积是一个综合性账户，用于记录和反映那些由于特定事项而非日常经营所产生、且不宜直接归属于任何单一投资者的所有者权益增加。这些事项包括但不限于资本（或股本）的溢价发行，即企业发行股票时，发行价格高于股票面值的部分；接受外部捐赠的财产，这些财产作为非经营性收入增加了企业的净资产；以及外币资本折算差额，由于汇率变动导致的资本项目在折算为本币时产生的增值或减值。

资本公积的本质在于它代表了所有股东共同享有的、超越个别投资者特定贡献的权益增值。这些增值部分虽然不直接反映企业的盈利状况，但确实增加了企业的净资产总额，从而提升了每一位股东所持股份的潜在价值。因此，资本公积被视为一种所有股东共享的、具有公共性质的权益积累。

3. 盈余公积

盈余公积是指从税后利润中提取的公积金，包括法定盈余公积金、任意盈余公积金和法定公益金。

4. 未分配利润

未分配利润是指企业实现的利润中留于以后年度分配或待分配的那部分结存利润。

二、独资及合伙企业的所有者权益

（一）独资企业的所有者权益

1. 独资企业所有者权益的特点

独资企业，作为一种独特的企业组织形式，其核心特征在于其单一出资人结构。这类企业完全由个人独立出资创立，不具备独立的法律实体地位，因此也不作为独立的纳税主体存在。在独资企业中，出资人对企业的全部财产及经营所得利润拥有绝对的支配权，这体现了其高度的个人控制性和所有权集中性。

尤为显著的是，独资企业所有者权益的独特性在于其内在的统一性。在这里，业主的个人投资与企业的利润积累之间不存在严格的界限划分。业主向企业的资金投入、从企业中提取的资金，以及利润分配的决策，均被视为业主个人财务活动的一部分，完全由业主自主决定，无须遵循复杂的财务分割规则。这种灵活性极大简化了独资企业的财务管理流程，但同时要求业主具备高度的自我约束力和财务管理能力，以确保企业健康、可持续发展。

2. 独资企业所有者权益的会计处理

尽管独资企业在法律上不具备独立的主体地位，但在会计实践中，我们依然承认其作为独立会计主体的存在，这有助于区分企业经济活动与业主个人财务行为。为确保会计信息的准确性和完整性，独资企业与业主个人的经济活动需明确界限，特别是业主从企业中的提款行为，必须在企业的会计账面得到如实反映，以体现企业资金流动的透明度和可追溯性。

在会计处理上，独资企业的所有者权益主要通过“业主资本”科目进行核算。这一科目作为记录业主对企业投资及其后续变动的重要工具，其贷方用于登记业主的初始投入资本，以及企业盈利中归属于业主的部分（业主资本的增值）；而借方记录企业的亏损，以及业主从企业中的提款行为。期末时，“业主资本”科目的贷方余额反映了业主在企业中的权益总额，为评估企业价值和业主财富提供了直接依据。

值得注意的是，为了追踪业主提款行为及其对业主资本的影响，会计实务中通常会设置一个过渡性科目——“业主提款”。该科目在业主提款发生时作为借方记录，待年终进行财务总结时，再将年内累计的业主提款金额从“业主提款”科目结转至“业主资本”科目的借方，以完成年度内业主资本变动情况的全面反映。这一过程不仅有助于确保会计记录的准确性，还为后续进行业主资本状况变动分析提供了便利。

（二）合伙企业的所有者权益

1. 合伙企业及其所有者权益的特征

（1）合伙企业不是独立法人

合伙企业的成立并非依赖于复杂的法律程序，而是基于合伙人之间的自愿联合与相互信任。由于法律并未赋予合伙企业独立的法人地位，这意味着合伙企业本身不具备直接承担法律责任和享有法律权利的资格。因此，在处理对外事务时，合伙企业通常无法直接以自身名义行动，而是需要借助合伙人的个人名义进行，体现了其高度的个人依赖性和非独立性。

合伙企业本质上是一种人合性质的组织，其核心在于合伙人之间的关系与协作，而非独立的法律实体。这种特性决定了合伙企业的运营与管理往往紧密依赖于合伙人的直接参与。在合伙企业中，合伙人通常不仅投入资金，还积极贡献自己的知识、经验和技能，共同致力于企业的日常经营与决策过程。这种高度的参与性和互动性，是合伙企业区别于其他企业形式的重要特征之一。

（2）合伙人之间互为代理

除合伙契约另有规定者外，在合伙经营业务范围内，任何合伙人经办的业务，其他合伙人均应负责。每个合伙人都是其合伙组织的代理人，在正常营业范围内有权代表合伙企业签订合同，如签订购货合同、销货合同等。

（3）合伙人对企业负债负连带无限责任

在合伙企业中，作为一般合伙人，其责任承担机制具有显著特点，即无论各合伙人的投资金额大小或占投资总额的比例如何，每一位合伙人都需对合伙企业的整体债务承担无限连带责任。这意味着，一旦合伙企业面临债务清偿需求，任何一位合伙人的个人资产都有可能被用于偿还企业债务，且这种责任是无限的，不受其初始投资额的限制。这种责任制度强调了合伙人之间的紧密合作与相互信任，也是合伙企业得以稳定运营的重要基石。

鉴于合伙企业中合伙人责任的重大性，合伙关系的建立必须以自愿为基础，确保每位合伙人均是在充分了解并认可合伙协议条款、企业运营风险及自身责任义务的前提下自愿加入的。同时，为了维护合伙关系的稳定性和合伙企业的持续经营，任何新合伙人的加入都必须经过全体现有合伙人的一致同意。这一程序不仅体现了对现有合伙人权益的尊重和保护，也确保了新合伙人的加入能够得到全体合伙人的认可和支持，从而有利于合伙企业的和谐发展与共同繁荣。

（4）合伙企业存在期间有限

合伙企业的成立基石在于合伙契约的正式签署，这份契约不仅是合伙人之间权利与义务的法律约定，也是合伙企业存在与运营的根本依据。然而，值得注意的是，合伙契约的存续并非永恒不变，它受到合伙人变动（如死亡、退伙），以及新合伙人加入等事件的影响。

在传统观念中，合伙人的死亡或退伙往往被视为合伙契约终止的标志，因为这意味着原有合伙人关系的解体。新合伙人的加入也被视为一个转折点，它改变了合伙企业的构成，从而从某种程度上宣告了原合伙契约的结束。但这一理解在现代合伙企业的实践中可能有所调整，因为许多合伙协议会包含关于合伙人变动和新合伙人加入的详细条款，以确保合伙企业的连续性和稳定性。

尽管如此，从会计的角度来看，合伙企业作为会计主体，仍然遵循持续经营的假设。这意味着，无论合伙企业内部发生何种变动，会计记录都将保持连续性，以反映企业经济活动的不间断性。因此，即便有新的合伙契约签订，标志着合伙企业成员结构的更新，但从会计主体和记录的角度看，该组织仍然被视为在持续经营，其会计活动也将不间断进行。

（5）合伙企业的任何财产归全体合伙人共有

在合伙企业的成立与运营过程中，合伙人的出资是构建企业资产基础的关键环节。这些出资，无论是以货币资产的形式直接注入，还是以非货币资产（如实物、知识产权等）的形式贡献，一旦正式投入合伙企业，其所有权即发生转移，不再单独归属于任何一位特定的合伙人，而是成为全体合伙人共同拥有的财产。

这一转变体现了合伙企业作为共同所有制的本质特征，即所有合伙人共享企业资产、共担经营风险、共享经营成果。依附于这些共同资产的重估升值或变卖损益，同样不再与任何单一合伙人直接相关，而是作为合伙企业的整体损益进行处理。这种处理方式确保了合伙企业财务管理的公平性和透明性，也体现了合伙人之间利益与共、风险同担的合作精神。

因此，合伙人的出资不仅是企业运营的初始资金来源，更是合伙人之间建立紧密合作关系、共同追求企业目标的重要象征。在合伙企业中，所有出资均融入企业整体资产之中，为企业的发展壮大贡献力量，而依附于这些资产的任何价值变动，都将直接影响合伙企业的整体财务状况和经营成果。

2. 合伙企业所有者权益的会计处理

合伙企业作为一种特殊的企业组织形式，与独资企业确实存在诸多相似之处，尤其是在会计处理上，两者都强调对所有者（或合伙人）权益的详细记录与管理。然而，合伙企业作为多个独资企业理念的集合体，其会计体系更加复杂且精细，需要为每位合伙人单独设立账户以追踪其资本变动和提款情况。

在合伙企业会计中，每个合伙人的“资本”科目（无论是总账还是明细账）都扮演着核心角色，它记录了该合伙人自加入合伙企业以来的所有投资活动及其增值情况。同时，“提款”科目则用于追踪合伙人在会计期间内从企业提走的款项，这一科目在功能上与股份公司的“股利分配”账户相类似，但更侧重于反映合伙企业中资金的内部流动。年度终了时，为了确保会计记录的准确性，“提款”科目的余额需转入相应合伙人的“资本”科目，以反映其最终资本状况。

合伙企业的损益分配是另一项重要会计工作。与股份公司不同，合伙企业不设置“留存利润”科目，而是将所有盈利或亏损直接反映在合伙人的“资本”科目中。损益的分配方案依据合伙契约的规定执行，可能基于出资比例、固定约定比例或平均分配等多种方式。若契约仅规定了盈利分配比例，则通常默认亏损也按此比例分担。这种灵活性体现了合伙企业以契约为基础的治理特点。

此外，合伙人与企业之间的借贷往来也是合伙企业会计处理中的一个重要方面。为了清晰区分内部交易与外部交易，企业应设立专门的往来账户记录这些借贷活动，并在资产负债表中分别列示为负债类的应付款和资产类的应收款。这种处理方式有助于维护企业财务信息的透明度和准确性。

在合伙企业成立时，合伙人的投资形式多样，可以是现金、非现金资产或原独资企业的净资产等。对于非现金资产的投资，需按公允市价计价并经全体合伙人同意，以确保投资的公平性和合理性。这些投资活动将直接影响合伙人的资本账户余额，以及企业的资产总额。

最后，当合伙企业因契约期满、转让或全体合伙人同意而停止经营时，需进行清算工作。清算过程涉及资产的变现、损益的分配、债务的清偿，以及剩余现金的分配等多个环节。清算的具体方法需遵循合伙契约的规定，但通常遵循先变现资产、后分配损益、再清偿债务、最后分配剩余现金的基本程序。这一过程体现了合伙企业在终止阶段对合伙人权益的尊重和保护。

三、公司制企业实收资本的核算

（一）实收资本的形式及计价

实收资本，作为企业运营的基石，代表着投资人向企业注入的各类资产的价值总和，这些资产是企业法人得以设立并持续开展经营活动的先决条件。实收资本不仅体现了投资者对企业未来发展的信心与承诺，更是企业长期运营与扩张的重要资金来源。在我国，实收资本的管理遵循严格的注册资本制度，要求企业实际收到的资本金必须与其在工商行政管理部门登记的注册资本保持一致，这一制度旨在保障交易安全，维护市场经济秩序。

《中华人民共和国企业法人登记管理条例》及其相关法规明确指出，除特殊规定外，企业的注册资本必须真实反映其实有资金状况，这是确保企业偿债能力、维护债权人利益的关键所在。当企业实有资金因经营需要或其他原因发生显著变化，特别是增减幅度超过注册资本的 20% 时，企业需依法向原登记机关提交详尽的资金使用证明或专业验资报告，申请变更登记，以确保企业登记信息的准确性和时效性。这一系列程序不仅规范了企业的资本运作，也提高了市场监管的有效性。

在投资形式方面，我国法律法规为投资者提供了多元化的选择空间，鼓励以各种合法形式向企业注入资本。首先，货币资金作为最直接、最便捷的投资方式，其实际投资数额通常以企业实际收到或已存入指定银行账户的金额为准进行确认。其次，实物资产和有价证券也是重要的投资形式，包括固定资产、流动资产等，这些资产在投入企业前需经过严格的评估程序，依据相关法律法规的规定确定其公允价值，并以此作为实收资本入账的依据。此外，无形资产（如专利权、商标权等）同样可作为投资方式，其价值的确认同样依赖于专业的评估流程，确保投资的合理性和公平性。

（二）国有独资公司的投入资本

国有独资公司，作为国家经济体系中的特殊组织形式，其独特地位与性质在会计核算领域同样得到了充分的体现。这类公司由国家授权的投资机构或部门单一出资设立，体现了国家对特定领域或产业的直接控制与战略导向。在我国，国有独资公司的设立往往聚焦于生产特殊产品或服务于特定行业，这些领域通常关乎国家安全、国民经济命脉或社会公共利益，因此采用国有独资形式成为必然选择。

从会计角度来看，将国有独资公司作为一种独立的企业类型进行核算，不仅是对其所有制结构的准确反映，也是对其财务活动特殊性的充分考量。这类企业在组建之初，所有者的资金投入——国家资本，全部以实收资本的形式记录在账，这一过程体现了国家对企业的初始资本承诺与所有权确认。与多元投资主体的企业不同，国有独资公司的投资者单一且明确，这避免了因追加投资时维持特定投资比例而产生的复杂资本结构调整问题，如资本公积的形成等。同时，由于不发行股票，国有独资公司也无须处理股票溢价等股份制企业特有的会计事项，使得其会计处理更为直接和简化。

为了全面、系统追踪国家授权投资机构或部门向国有独资公司投入资本的动态变化，会计核算体系中特别设置了“实收资本”科目。该科目作为反映国家资本投入及其增减变动的主要载体，其贷方详细记录了公司自成立以来实际收到的来自国家相关机构或部门的各类资产价值，这些资产包括但不限于货币资金、实物资产、无形资产等，均按照法定程序及评估价值入账，而借方用于反映公司因法定程序减少注册资本的情况，如因经营需要、政策调整或资产重组等导致的资本缩减。期末贷方余额则直观展示了代表国家投资的机构或部门实际投入公司的资金总额，这一数值不仅是企业所有者权益的重要组成部分，也是衡量国家对企业支持力度的关键指标。

（三）有限责任公司的投入资本

有限责任公司，作为一种广泛采用的企业组织形式，其核心特征在于股东间的有限责任制及企业法人的独立责任承担。具体而言，有限责任公司由两名或更多股东共同出资设立，每位股东依据其认缴的出资份额对公司承担有限责任，而公司以其全部资产对外承担债务责任。这种结构既保护了投资者的个人财产免受公司运营风险的无限牵连，又确保了债权人的合法权益得到有效保障。

在有限责任公司的资本构成上，股东的出资额是通过协商确定的，体现了高度的灵活性和自主性。公司设立时，股东需一次性足额缴纳出资，这一要求确保了公司资本的稳定性和真实性，避免了分期缴款可能带来的不确定性。同时，出资形式严格限定为现金或其他可估值的财产，排除了信用、劳务等非实物出资，以保证公司资本的实质性和可衡量性。

有限责任公司的运营特点鲜明：首先，它不发行股票，资本结构相对封闭，股东间的股权转让受到严格限制，除非在特定情况下经全体股东一致同意，否则不得随意在公开市场转让，这维护了公司股权结构的稳定性和连续性。其次，设立程序相对简便，无须复杂的公开披露要求，营业报告和账目对外不公开，为企业的初期发展提供了相对私密的空间。再者，公司内部治理结构灵活多样，股东可直接参与管理，组织形式不拘一格，既可根据需要设立股东会，也可灵活调整内部机构设置，以适应快速变化的市场环境。

此外，有限责任公司还体现了风险与收益共担的原则。股东以其出资额为限承担有限责任，同时按注册资本比例分享公司利润、分担经营风险并自负亏损，这种机制激励了股东积极参与公司治理，同时约束了股东行为，促进了公司的稳健发展。最后，有限责任公司通常股东人数相对较少，这一特点使得决策过程更为高效，同时便于股东间建立紧密的合作关系，共同推动公司的长远发展。

在有限责任公司的资本核算体系中，与国有独资公司相似，“实收资本”账户同样扮演着核心角色，用于全面记录和反映公司资本的形成与变动情况。然而，鉴于有限责任公司的股东多元性，其会计核算在细节处理上展现更为复杂和细致的一面。

首先，为了满足不同股东资本投入情况的精确追踪与管理需求，有限责任公司需要在“实收资本”总账下，为每位股东设立独立的明细账。这一设置不仅确保了每位股东出资额的清晰记录，还为后续利润分配、股权变更等提供了准确的数据支持。通过明细账，公司能够直观地了解到每位股东的投资贡献，进而在决策过程中充分考虑各股东的权益与期望。

其次，在资本投入的处理上，有限责任公司根据股东出资的具体情境进行了细致区分。在公司新设阶段，股东按照合同及章程规定投入的资本，将全额计入“实收资本”科目，确保公司注册资本的实缴到位。此时，实收资本与公司注册资本保持一致，体现了公司资本构成的完整性和真实性。而当公司进入增资扩股阶段，新投资者的加入可能会带来资本结构的调整。特别是当新投资者缴纳的出资额超出其在公司注册资本中按约定比例应占的份额时，这部分超额出资将被视为资本溢价，单独计入“资本公积——资本溢价”科目，以反映公司资本结构的增值部分。

在出资形式方面，有限责任公司遵循法律规定，为股东提供了多样化的出资选择。货币资金作为最直接的出资方式，其入账处理简单明了：收到股东货币资金时，借记“银行存款”或“现金”科目，贷记对应股东的“实收资本”明细账。若出资额超过注册资本比例，则超出部分贷记“资本公积——资本溢价”。实物资产出资则需经过评估确认其价值后，借记相应资产科目（如“固定资产”“原材料”等），贷记对应股东的“实收资本”明细账。无形资产出资同样遵循评估作价原则，借记“无形资产”科目，贷记对应股东的“实收资本”明细账，确保无形资产价值得到合理确认和记录。

四、资本公积分析

（一）资本溢价或股本溢价

资本溢价，作为一种财务现象，其核心在于股东实际缴纳的出资额超出了公司注册资本所规定的份额，从而产生了价值上的差额。这一现象不仅关乎股东在企业中权益与义务的界定，也是公司资本结构动态调整的重要体现。

在有限责任公司的会计框架内，“实收资本”科目扮演着记录股东出资额的关键角色，它精确反映了投资者依据合同、协议或公司章程所承诺并实际履行的出资责任。当某位股东的出资额超越了其应缴的注册资本份额时，这部分超额出资便被识别为资本溢价，并通过“资本公积”科目进行专门核算，以确保所有股东的权益得到公平、透明的处理。

资本溢价的形成，往往伴随着企业生命周期中的重大事件，如新投资的引入或现有投资的追加。在企业初创阶段，由于市场探索、产品研发及运营准备等成本高，初始投资面临较高的不确定性和风险。随着企业步入正轨，经营风险逐渐降低，盈利能力增强，加之内部利润的积累，企业的资本价值得以提升。此时，新资本的加入若欲享有与原有资本同等的权益，就必须对原有资本所承担的历史风险与贡献给予补偿，这正是资本溢价产生的逻辑基础。

对于上市公司而言，配股或增发新股过程中也可能出现资本溢价。当股东以所持有的其他企业股权作为配股资金或新股认购款时，这些股权按配股或增发价格计入初始股权投资成本，而实际发行的股份面值总额作为股本记录。两者之间的差额，同样作为资本公积（股本溢价）处理，以反映市场对公司价值的认可及新资本对原有资本的补偿。若股东以实物资产或无形资产出资，这些资产也将按照配股或增发价格计价，并产生相应的股本溢价。

（二）接受捐赠资产

接受捐赠，作为企业外部财务援助的一种形式，其本质在于企业无偿获得捐赠人提供的资产支持。这种援助行为体现了捐赠人对企业发展的善意与贡献，但捐赠人并不因此成为企业的股东，也不享有对企业的资产请求权或承担相应责任。因此，接受捐赠的资产并不构成企业的实收资本，而是作为企业经济资源的一种额外增加。

在我国会计体系中，遵循《企业会计准则》的规定，企业接受捐赠的资产价值被明确归类为资本公积，这一处理既反映了捐赠资产对企业所有者权益的积极影响，也确保了会计信息的准确性和完整性。资本公积作为所有者权益的一部分，由全体所有者共同享有，体现了企业价值的综合提升。

从资产形态上看，接受捐赠的资产可细分为现金资产和非现金资产两大类。对于现金捐赠，其会计处理相对直接，即将捐赠金额直接记入“资本公积”账户，无须考虑未来税负的影响。而对于非现金资产捐赠，如固定资产、原材料等，其会计处理则更为复杂。由于非现金资产在处置时可能涉及所得税的缴纳，因此在捐赠资产尚未处置前，所形成的资本公积需作为准备项目单独列示，即“资本公积——接受捐赠非现金资产准备”。

在会计核算过程中，考虑到企业持续经营的前提，对于非现金资产捐赠，尽管没有直接的货币流入，但可将捐赠视为一种特殊的投资行为。为了准确反映这一经济实质，企业应将接受捐赠的实物资产价值，在扣除未来应交所得税后的净额，暂时记录在“资本公积——接受捐赠非现金资产准备”科目中。这一处理方式既体现了捐赠资产的公允价值，又预留了未来税负的影响。

当捐赠的非现金资产被处置或实际使用时，其上的所有潜在收益得以实现，此时，原记入“资本公积——接受捐赠非现金资产准备”科目的金额应相应转入“资本公积——其他资本公积”科目。这一转账操作标志着捐赠资产价值的最终实现，也确保了资本公积科目的准确反映企业所有者权益的变动情况。通过这样的会计处理流程，企业能够全面、真实反映接受捐赠资产的经济后果，为利益相关者提供有价值的财务信息。

（三）股权投资准备

股权投资准备，作为企业在采用权益法核算长期股权投资时特有的会计概念，其产生源于被投资单位因接受资产捐赠等而增加的资本公积。在此情境下，企业根据其在被投资单位中的持股比例，相应计算并确认自身应享有的资本公积增加额，这部分增加额即为股权投资准备。值得注意的是，这一准备在正式转入“资本公积——其他资本公积”明细科目之前，被单独列在股权投资准备的明细科目下，以反映其特殊的形成原因。

在权益法核算框架下，企业长期股权投资的账面价值并非固定不变，而是会随着被投资单位所有者权益的变动而相应调整。这种动态调整机制确保了长期股权投资的账面价值能够与被投资单位所有者权益中企业所应享有的份额基本保持一致，从而真实反映了企业在被投资单位中的经济利益。

当被投资单位因接受捐赠等事项形成准备性质的资本公积时，企业需依据其持股比例，计算并确认自身应享有的这部分资本公积的份额。这一计算过程不仅体现了企业对被投资单位经济活动的关注与参与，也确保了会计信息的准确性和完整性。随后，企业会将计算得出的份额同时增加至长期股权投资和资本公积（股权投资准备）两个科目中，以此反映因被投资单位资本公积变动而对企业自身财务状况的影响。

值得注意的是，股权投资准备作为一种过渡性科目，其最终命运是在企业处置长期股权投资时揭晓的。在处置时刻，企业将股权投资准备的余额从原明细科目中转出，并记入“资本公积——其他资本公积”明细科目。这一转账操作标志着股权投资准备的完成使命，同时实现了企业所有者权益内部结构的调整与优化。

（四）拨款转入

拨款转入，作为国家财政支持的一种特殊形式，特指国家针对特定国有企业所拨入的专项资金，这些资金专用于促进企业的技术改造、技术研究及其他关键发展项目。

此类拨款不仅体现了国家对特定行业或企业发展的重视与扶持，也是国家宏观调控经济、优化产业结构的重要手段。

在会计处理上，当企业收到国家拨入的专项款项时，出于审慎性原则，通常会将这部分资金暂时归类为长期负债，以反映企业未来需承担的偿还责任（尽管实际上多数情况下无须偿还，但会计记录需保持严谨性）。然而，随着拨款项目的逐步实施与完成，其财务影响逐渐显现。

具体而言，对于拨款项目中所产生的费用部分，若按规定予以核销，则企业会直接从长期负债中冲减相应金额，以反映费用支出的实际发生与负担的减轻。而对于那些最终形成资产价值的拨款部分，其会计处理则更为复杂且意义深远。从经济实质上看，这部分资产的形成应视为国家对企业的间接投资，理论上应增加国家资本，以体现国家作为所有者对企业资产的贡献。

然而，在实际操作中，由于资本的增加需遵循严格的法定程序，并可能涉及多方面的利益协调与审批流程，因此，企业往往选择暂时将这部分资产价值计入资本公积科目，作为资本公积的一项特殊来源。这一处理方式既体现了企业对国家拨款形成的资产价值的尊重与认可，也为企业未来可能的资本结构调整预留了空间。

未来，当企业满足转增资本的条件时，可将这部分暂计的资本公积转作国家资本，从而正式确认国家作为所有者的投资地位。在此之前，资本公积中的这部分金额将继续作为企业所有者权益的一个重要组成部分，反映国家拨款对企业资产结构的积极影响。

第六章

内部会计控制

第一节　货币资金的内部会计控制

一、货币资金控制程序

（一）现金收支业务流程控制

1. 现金收支业务基本流程

（1）授予权限

在企业的内部控制体系中，单位决策层或部门负责人扮演着至关重要的角色，他们根据组织结构的实际情况，精心设计并实施了一系列授权机制，以确保现金结算流程的合规性与效率。这一授权过程聚焦于现金支付业务的审批权限，旨在通过明确界定审批流程与责任主体，来强化财务管理的安全性与透明度。

具体而言，授权的核心在于赋予特定人员或岗位审批现金支付业务的权力。这种授权不仅是对个人职责的明确划分，更是组织内部控制原则的体现。只有经过正式授权并具备相应审批资格的个体，才有权对现金支付申请进行审查与核准。这一环节是现金支付流程中的关键控制点，它能够确保每一笔款项的支付都建立在合理、合规的基础之上，有效防止了未经授权或不合规的支付行为。

出纳人员作为现金管理的直接执行者，其职责在于依据经过授权审批人核准的支付指令，准确无误完成款项的支付工作。这种制度安排确保了出纳人员的操作行为始终受到有效监督与制约，避免了因个人疏忽或不当行为而可能导致的财务风险。

（2）制取原始凭证

在企业的日常运营中，涉及现金收支的每一笔业务都需遵循严格的财务管理规定，确保交易的真实性与合法性。为了实现这一目标，单位必须确保所有现金收支业务均有据可依，即必须填制或获取合法有效的原始凭证作为交易发生的直接证据。这些原始凭证，作为自制或外来的书面证明文件，不仅记录了交易的具体内容，还承载了经办人员的责任与承诺。

对于支出类业务，如采购货款的支付，企业需从供应商处获取正式的销货发票，并辅以本单位的验货入库单，共同作为付款的充分证明。销货发票体现了交易的金额与商品信息，而验货入库单验证了货物的实际接收情况，两者相辅相成，确保了支付行为的合理性与必要性。

在提取现金的业务场景中，企业需按照银行规定签发现金支票，并将支票存根妥善保存。支票存根作为银行付款的直接依据，同时是企业内部记录现金流出的重要凭证，它清晰反映了提取现金的时间、金额及用途。

对于收入类业务，如收到职工的交款，企业应即时开具收款收据，并加盖财务专用章或收款专用章。收款收据不仅详细记录了交款人的姓名、交款金额及交款事由，还作为收款行为的官方确认，保障了企业与职工之间财务往来的清晰与透明。

（3）审签原始凭证

在企业的财务管理流程中，业务部门负责人扮演着至关重要的角色，他们负责审核原始凭证的真实性与合规性，确保每一笔经济业务都建立在坚实的事实基础之上。这一审核签章的过程，不仅是对业务真实性的有力证明，也是企业内部控制机制的重要组成部分。

具体而言，当企业需要进行现金提取等财务操作时，必须遵循严格的审批流程。以向银行提取现金为例，出纳员首先需在现金支票上清晰注明款项的具体用途，并亲自签章以示负责。随后，这份经过出纳初步处理的支票将递交财会部门负责人进行进一步的审核。财会部门负责人在仔细核对支票信息、确认其符合财务规定后，会在支票上加盖财务专用章，以示审批通过。这一过程确保了现金提取的合法性与必要性，有效防止了未经授权或不合规的资金流动。

在支付采购货款等支出类业务中，审核签章的程序同样严格。采购员需在相关凭证上详细记录采购商品的名称、数量、单价及总价等关键信息，并签字确认采购行为的真实性。随后，这份凭证将递交给采购部门负责人进行审签。采购部门负责人在审核凭证内容无误、确认采购行为符合公司政策与预算要求后，会在凭证上签章以示批准。这一过程确保了采购支出的合理性与必要性，维护了公司资产的安全与完整。

（4）审核原始凭证

会计部门收到有关现金收支业务原始凭证后，由会计主管或者授权的主办会计负责对其进行审核，如现金支付项目超过授权审批的范围，应上报领导审核签字，不能进行越权审批。对于不符合规定的凭证，可拒不受理或者责成经办人员补办手续。

（5）编制记账凭证

在企业的财务管理流程中，各环节的紧密协作与相互制约是确保财务活动准确、高效进行的关键。以下是对您所描述流程的优化与清晰阐述：

首先，主办会计作为财务处理的起点，负责根据业务部门提交的、已经过部门负责人审核签章的原始凭证，准确填制收款凭证或付款凭证。这一步骤是会计记录的第一步，确保了每一笔财务交易都能被准确、及时反映在会计账簿中。

随后，会计部门将对原始凭证进行更为细致的审核，不仅确认其真实性与合规性，还会根据审核结果填制报销凭单。报销凭单作为费用支出的重要凭证，详细记录了支出的性质、金额及审批情况。报销凭单需经相关领导逐级签字确认，以确保支出行为的合理性与必要性。

在报销凭单获得必要审批后，出纳将再次对原始凭证及报销凭单进行审核，并核对填写金额无误后，进行现金报销或开具支票支付。出纳的这一审核环节是对前面审批流程的再次确认，确保了资金流出的安全性与准确性。

出纳在办理完报销或支付手续后，会根据提取的现金支票存根及相应金额的报销凭单，不定期加盖收、付讫章，并交给会计进行记账。这一步骤标志着财务交易在出纳环节的完成，并准备进入会计记录阶段。

会计在收到出纳提交的原始凭证及记账凭证后，将按照会计准则与规定进行记账处理。记账完成后，会计会将原始凭证与记账凭证一并交还出纳。出纳在收到这些资料后，会登记相应的日期信息，并在自己的出纳账簿中进行相应的记账操作。

整个流程体现了财务内部控制的严谨性与高效性。各环节之间相互独立又相互制约，确保了财务信息的真实、准确与完整。同时，明确的职责划分与流程设计提高了财务处理的效率与效果，为企业的稳健运营提供了有力的财务支持。

（6）复核凭证

在企业的财务管理体系中，稽核环节扮演着至关重要的角色，它是对财务交易准确性、合规性进行最终把关的关键步骤。稽核人员或指定人员对收、付款凭证的复核工作，不仅是对前期财务处理流程的全面审视，更是对潜在风险的深入排查。以下是对这一复核过程的详细阐述与优化：

稽核人员或指定人员接收收、付款凭证后，将首先进行独立的复核工作。在复核过程中，他们需特别关注是否存在越权审批的情况，确保每一笔交易的审批权限均符合公司规定，以此维护内部控制的严肃性与有效性。

复核的具体内容涵盖了多个方面，旨在全方位、多角度验证交易的真实性与合规性。首先，稽核人员会仔细查看发票的真伪，利用专业工具或平台验证发票的合法性，防范虚假发票带来的财务风险。

其次，他们会核对票面金额与合同中的单价及总金额是否一致，确保交易金额准确无误，防止因金额错误导致的经济损失。同时，发票上的数量信息也将与入库单进行比对，以验证货物数量的真实性，保障库存管理的准确性。

再次，稽核人员还会审核凭证上相关人员的签名是否齐全，这包括业务经办人、部门负责人、会计审核人及可能的领导审批人等，确保每一环节的责任人都已履行其职责，并对交易结果负责。

对于涉及增值税专用发票的交易，稽核人员将格外谨慎，他们会仔细核对发票的抵扣期限，确保发票在有效期内使用，避免因超过抵扣期限而带来的税务风险。

一旦复核工作完成且确认无误，稽核人员将在凭证上签章以示通过，并通知出纳人员办理现金的收付手续。这一流程的设计确保了财务交易的每一个环节都经过严格的审核与把关，从而大大提升了企业财务管理的安全性与可靠性。

（7）收付现金

出纳人员在执行现金收付任务时，需严格遵循一系列专业、严谨的原则，以确保资金流动的准确性、安全性和效率。以下是对这些原则的精炼与扩展阐述：

工作环境与准备原则：营业前，出纳人员应根据工作需求与操作便捷性，精心布置工作区域，将出纳机具、办公用品等摆放于适当位置。这一步骤不仅提升了工作效率，也为后续现金收付业务的顺利进行奠定了良好基础。

人员配置与职责明确原则：办理现金收付业务时，必须配备专职出纳员，并坚持“钱账分管、双人临柜”的原则。这一安排有效实现了职责分离，确保了现金与账目管理的相互独立与监督，同时强化了内部控制，降低了财务风险。此外，换人复核制度的实行，进一步明确了责任分工，确保了每一笔交易的清晰可追溯。

现金保管与分离原则：收入款项和付出款项应实行严格的分离管理，不得混放或相互抵用。这种分离措施有助于维护现金的清晰性与安全性，防止了潜在的混淆与误用风险。当日收入的现金若需当日付出使用，必须经过整点复核，并轧平现金账，核对无误后，按规定办理款项交接手续，方可对外支付。这一流程确保了现金流动的合规性与准确性。

收付款操作原则：在办理现金收付时，必须坚持“收入现金先收款后记账，付出现金先记账后付款”的原则。这一顺序不仅符合会计处理的逻辑要求，也确保了账实相符，避免了因操作顺序不当而导致的账务错误。同时，出纳人员应做到当面点准现金，一笔一清，不得混淆，确保每笔交易的清晰与准确。此外，日清日结的要求也有助于及时发现并纠正潜在的问题。

大宗现金处理原则：对于大宗现金的收付，出纳人员必须采取细致、谨慎的操作流程。先点捆、卡大把、核对封签等步骤确保了现金数量的准确性；散把点数则进一步验证了现金的真实性。在拆捆时，确认每捆为规定数量后再行操作，这一细节处理有效防止了因数量不清而导致的错误。

（8）登记日记账

出纳人员在执行日常财务管理任务时，其核心职责之一便是根据复核无误的收、付款凭证，精准无误地登记现金日记账。这一过程不仅是记录企业现金流动轨迹的关键步骤，也是确保账实相符、保障资金安全的重要环节。

现金日记账的登记工作通常由出纳人员亲自完成，他们依据经过严格审核的现金收、付款凭证，按照时间顺序逐日逐笔进行登记。这种逐笔登记的方式确保了每一笔现金交易都能被详细、准确记录，为后续的财务分析与审计提供了可靠的数据支持。

与此同时，为了确保会计信息的完整性与一致性，其他会计人员会根据同样的收、付款凭证，汇总登记总分类账。这一步骤实现了从明细到总账的信息汇总，为企业的财务管理提供了全面的视角。

在处理从银行提取现金的业务时，由于此类业务通常只填制银行存款付款凭证而不填制现金收款凭证，出纳人员在登记现金日记账时，需特别注意将现金的收入数根据银行存款付款凭证进行登记。这一特殊处理确保了银行账户与现金账户之间资金流动的准确对接，避免了信息的遗漏或错误。

每日工作结束后，出纳人员需对当日的收付款项进行逐笔核对与汇总，分别计算出现金收入和支出的合计数，以及账面的结余额。随后，他们还需将现金日记账的账面余额与实际的库存现金进行实地盘点核对，以验证账实是否相符。这一核对过程对于发现潜在的现金短缺或溢余至关重要，有助于企业及时采取措施进行纠正和调整。

2. 现金收支业务流程控制要点

企业在面对不同规模带来的现金收支业务流程复杂性的挑战时，应聚焦于把控关键环节，以实现对内部会计的有效控制。这一控制体系的核心在于确保现金收支的真实性与合规性，其构建围绕以下几点展开：首先，所有现金收支活动必须严格以实际发生的、具备真实性与合法性的经济业务为基础，这意味着每笔交易都需依附于真实有效的原始凭证，缺乏此类凭证的现金流动将被严格禁止。因此，对原始凭证的多层次审核成了控制流程中的首要任务，这一过程涉及业务部门负责人对经济业务真实性的初步验证、会计或财务部门负责人对财经法规及内部管理要求的复核、出纳员对虚假单据的甄别，直至单位负责人对重大现金收支的最终审批，层层把关，共同构筑现金收支的第一道防线。

其次，账账核对与账实核对作为揭示潜在舞弊行为的重要手段，构成了现金收支业务控制的另一支柱。企业应设立专项机制，定期或不定期组织专业人员对涉及现金收支的账簿进行细致核对，同时对库存现金实施盘点，确保账账相符、账实一致。一旦发现差异，应立即启动调查程序，查明原因，并视情况追究相关人员的责任，以此强化内部控制的严肃性与有效性，维护企业资金的安全与完整。

（二）银行结算业务流程控制

1. 银行结算业务的基本流程

银行结算业务流程，作为企业日常财务运作的重要组成部分，涵盖了从权限授予到结算完成的全方位管理，旨在确保资金流动的合规性、高效性与安全性。以下是对这一流程各环节的深入解析与扩写：

（1）权限授予的严谨性：与现金授权机制相类似，银行结算业务的权限授予同样遵循严格的审批流程。单位决策层或部门负责人依据企业规章制度及实际业务需求，审慎评估并授予特定人员办理银行存款收支的权限。这一过程不仅体现了企业内部控制的严谨性，也确保了资金操作的规范性与透明度。

（2）结算契约的明确性：在经济业务开展前，经办人员需与对方深入沟通，共同商定最适合双方利益的收付结算方式及具体时间安排，并通过正式合同或其他具有法律效力的契约形式加以固定。这一步骤对于明确双方权利义务、预防纠纷具有重要意义。

（3）原始凭证的规范性：业务经办人员需严格按照财务会计制度的要求，填制或取得合法有效的原始凭证。对于自制原始凭证，经办人员必须亲自签章，以示负责。这些凭证不仅是办理银行结算业务的直接依据，也是后续审核、记账等环节的重要基础。

（4）原始凭证的多级审核：为确保原始凭证的真实性与合规性，业务部门负责人或授权人员需对原始凭证进行初步审核并签字确认。随后，会计主管或授权人员将进行更为细致的审核，重点检查凭证是否符合财经法规及企业内部管理规定。对于存在问题的凭证，将及时退回并要求经办人员补正。

（5）结算凭证的精确制取：出纳员依据审核无误的原始凭证，按照规定的会计手续和所选结算方式，精确填制或取得银行存款结算凭证。这一过程要求出纳员具备高度的专业素养与责任心，以确保结算凭证的准确无误。

（6）结算业务的高效办理：出纳员需及时将结算凭证及相关记录送交银行或留存备查，以便快速办理存款收付业务。同时，出纳员还需密切关注银行处理进度，确保资金及时到账或付出。

（7）结算凭证的严格审核：会计主管或授权人员将对银行返回的结算凭证回联进行仔细审核，并与原始凭证进行逐一核对。这一步骤旨在验证银行处理结果的准确性，确保企业资金流动的准确无误。

（8）记账凭证的规范编制：会计人员根据审核无误的结算凭证及原始凭证，按照会计准则要求规范编制银行存款收、付凭证。这些凭证将详细记录每一笔银行存款业务的来龙去脉，为后续财务分析、审计等工作提供重要依据。

（9）记账凭证的复核机制：为确保记账凭证的准确性与合规性，稽核员或指定人员将对记账凭证及所附结算凭证、原始凭证进行复核。复核过程中如发现任何问题，将及时指出并要求相关人员更正。

（10）日记账的精细登记与审核：出纳员需根据复核后的记账凭证逐笔登记银行存款日记账。日记账的登记需做到准确无误、字迹清晰。同时，出纳员还需进行多层次的审核工作，包括与银行收付凭证、银行总账及银行存款对账单的核对等，以确保账实相符、账账相符、账单相符，从而准确掌握企业可运用的银行存款实有数。这一过程对于提升企业财务管理水平、防范资金风险具有至关重要的作用。

2. 银行结算业务流程控制要点

在现金结算金额受限的背景下，企业商品交易频繁转向银行结算，因此控制银行结算业务成为关键。银行结算方式多样，交易前需严格签订合同，明确结算方式，且此决定需遵循内部规定或获负责人批准，经办人员无权擅自选定，以防风险。

银行结算同样以真实经济事项为基础，要求正式合法的原始凭证。审核原始凭证是控制核心，原则与现金收支审核相通。此外，账账核对与账实核对至关重要，定期由非出纳财务人员比对银行对账单与存款日记账，编制余额调节表，确保记录无误。遇非正常差异，立即调查处理，确保资金安全。

二、货币资金控制制度

（一）货币资金内部会计控制制度的原则

1. 职务分离原则

在货币资金的收入与支付管理中，确保流程的安全性与透明度至关重要，这通常涉及授权、执行、记录、审核与保管等关键环节的紧密配合。为实现各环节间的有效牵制，防止舞弊与错误，必须遵循职务分离原则，即这些职责应分配给两个或更多独立人员，共同协作并相互监督。

具体而言，货币资金业务中的职务分离要点包括出纳与会计岗位明确区分，出纳专司货币资金管理；出纳不得兼任收入、费用、债权债务账簿的记账工作，确保账目的独立性与准确性；出纳与编制收付凭证的会计人员不得同时负责银行存款余额调节表的编制，以防篡改数据；出纳不得参与稽核及会计档案的保管，以维护审计轨迹的完整性与客观性；整个货币资金业务流程需多人协作完成，避免个人集权；货币资金的清查工作应由出纳以外的会计或审计人员执行，确保清查结果的公正性；此外，应定期或不定期轮换出纳岗位，并推行会计人员内部轮换制度，以增进内部控制的灵活性与有效性。它们共同构成了货币资金控制的重要基石。

2. 授权审批原则

办理货币资金业务时，确保所有相关人员均经过恰当授权与批准是维护财务安全与效率的关键。企业应构建严谨的授权审批体系，明确界定各岗位职责、权限及操作流程，以促进业务顺畅进行并防止责任推诿。具体实施要点如下：

确立严格的授权审批制度，针对货币资金业务，详细规定审批人的授权方式、权限界限、审批流程、相应责任及控制措施，同时明确经办人员的职责范围与工作要求，确保各环节职责清晰、操作有据可依。

审批人应严格遵循授权范围行使审批权，不得逾越权限边界，确保审批决策的合规性与合理性。

经办人员须在授权范围内，依据审批人的有效批示执行货币资金业务。面对超越授权范围的审批要求，经办人有权拒绝执行，并立即向上级报告，维护授权审批制度的严肃性。

对于重大货币资金支付，实施集体决策与审批机制，明确责任归属，建立健全的责任追究体系，有效遏制贪污、侵占、挪用等不当行为。

严格禁止未经授权的单位或个人涉足货币资金业务或直接接触资金，确保资金安全无虞。

授权审批制度分为一般授权与特殊授权两类，前者赋予常规业务处理能力，后者则针对特殊或超常规业务设定额外权限。在设定授权范围时，需精准平衡风险控制与人员积极性，避免范围过宽而增加企业风险，或范围过窄而削弱授权效能，确保授权批准制度严谨又高效。

（二）货币资金内部会计控制制度的内容

1. 现金收支控制制度

（1）现金收入控制制度

现金收入控制制度应综合以下关键要素构建：

授权专人收款：指定收银员或出纳员为现金收入的唯一收款责任人，确保职责明确。收款员专注收款任务，不得兼任开具收款单职责，以防职责混淆。

收款单管理：业务部门人员（如销售员）负责开具收款单，单据实行连续编号管理，以追踪每笔收入的来源与顺序，保障收入记录的完整性与连续性。

以原始凭证为依据：现金收款严格依据相关部门提交的收款单等原始凭证进行，确保收入的真实性与合法性。

及时缴存银行：每日收取的现金应迅速于当日或次日存入企业开户银行，禁止“坐支”行为，即不得直接用收到的现金支付日常开支，以维护资金流动的规范性与安全性。

编制收款凭证：会计部门依据收款单等原始凭证及时编制收款凭证，为账务处理提供准确依据。

（2）现金支出控制制度

现金支出控制制度应全面覆盖以下关键环节，以确保资金流动的合规性与安全性：

遵循法规：现金支出范围严格遵循《现金管理暂行条例》规定，明确哪些交易可采用现金支付，避免违规操作。

付款申请与审核流程：企业需支付现金时，付款申请人首先填制付款单，并附上相关单证。随后，付款单需经业务部门主管、会计主管或总经理逐级审核签字，确保付款事项的真实性与必要性。

支付与记录：出纳员在收到审核无误的付款单后，执行支付操作，并在相关凭证上加盖“现金付讫”戳记，以防重复支付。此步骤确保了支付的准确性与可追溯性。

凭证编制：付款单据随后送交会计部门，会计人员依据这些单据编制付款凭证，为账务处理提供正式依据。

2. 定额备用金制度

（1）建立定额备用金制度的意义

对于企业频繁发生的日常小额开支，实施定额备用金制度是高效管理的优选方案。该制度赋予相关部门及人员一定范围内的资金自主调度权，不仅能够激发其工作积极性与主动性，还能显著简化烦琐的日常报销流程，节省宝贵时间，从而提升整体工作效率。因此，定额备用金制度作为管理程序化现金支出的有效手段，对于优化企业财务管理流程、促进业务顺畅运行具有积极意义。

（2）现金定额备用金制度的内容

现金定额备用金制度是一套系统化的管理流程，旨在高效管理企业日常小额开支。该制度首先由财务部门统筹规划，明确设立备用金项目（如差旅费、业务招待费及工资等），并依据各部门业务特性差异化设定备用金定额，确保资金配置合理且不过度集中。备用金交由专人保管，保管人需接受专业培训，负责登记备用金使用情况，并依据审批后的原始凭证进行支付，严禁越权审批费用。所有支出必须附有发票等有效凭证，并经使用人及审批人双重签字确认，特定支付可能还需事先批准。为强化监管，内部审计或授权人员将不定期核查备用金，确保余额与支出凭证总额相符。当备用金余额不足时，保管人汇总已支付凭证交会计部门审批后，由出纳补足差额，相关付款凭证由会计部门存档备查。此外，备用金余额需定期与总账核对，以维护财务数据的准确性与一致性。

（3）银行存款形式的备用金

除现金形式外，企业还可为备用金使用人在银行设立专用账户，其运作机制与现金定额备用金制度异曲同工。在此模式下，企业需正式通知银行，该专用账户仅允许依据企业开具的补足备用金支票进行存款补充，且取款权限严格限定于企业指定的备用金使用者，旨在防止非备用金相关现金流入该账户及非授权人员提取现金，确保资金使用的规范性与安全性。

第二节　业务流程的内部会计控制

一、业务流程及其相关内部会计控制

（一）业务流程

业务流程，作为企业运作的核心脉络，定义了处理各类经济事务的步骤与顺序，虽企业特性各异，但核心流程往往共通。其主要涵盖采购与付款、存货与生产、销售与收款三大循环，这些循环紧密相连，从原材料采购至最终产品销售，全面覆盖了企业的生产经营活动。

采购与付款循环：此循环始于采购部门响应业务需求，采购各类物资以支撑生产与管理。采购行为伴随债务产生，并触发付款流程，二者紧密交织，共同构成企业资金流出的关键环节。

存货与生产循环：原材料入库后，经生产车间领用并加工成产品，期间存货形态不断转换，位置频繁变动，从仓库至车间，再由生产环节间流转，直至成品入库。此循环中，责任人更替频繁，因此，强化控制与管理对于提升企业效益至关重要。

销售与收款循环：作为价值实现的终端，此循环不仅是企业现金流入的主渠道，也是风险高发区。商品与资金的频繁交换要求建立严格的内部控制体系，以确保交易的真实性与合规性，有效防范舞弊行为，保障企业资产安全。

（二）业务流程的内部会计控制

业务流程的内部会计控制，其核心在于明确并强化五个关键环节：

确立控制目标：作为内部会计控制的基石，控制目标不仅指引方向，也是评估成

效的标尺。它分为基本目标与循环具体目标，旨在确保财务报告的真实可靠。通过设定明确目标，企业能精准定位控制要素与关键点，为内部会计控制的有效性奠定基础。

梳理业务流程与信息流：深入分析各业务循环的流程与信息流转，是识别控制环节的关键。例如，采购与付款循环强调机构岗位设置合理、程序完善；销售与收款循环则侧重于定价策略、信用管理及账款回收的内部会计控制，以规避坏账风险。

实施岗位分工与授权管理：不相容职务分离与授权批准控制是核心措施。前者要求合理划分职责，形成制衡机制；后者则明确授权范围、权限、程序与责任，确保管理层与经办人员在授权内行事，维护内部会计控制的严肃性与有效性。

风险评估与缺陷分析：每个业务循环均面临记录错误、违规、欺诈等风险。通过预先分析潜在错误与问题，企业能制定控制措施，实质上是风险评估与预设应对方案的过程，有助于提升内部控制的预见性与针对性。

设定关键控制点：鉴于成本效益原则，内部会计控制需聚焦于关键环节。这些关键点往往是风险高发区，通过精准把握，企业能高效构建内部会计控制制度。将关键点转化为文字性规范，不仅成为员工操作指南，也是相互监督的依据，促进内部会计控制制度的全面落地与执行。

二、采购与付款循环的内部会计控制

（一）采购与付款循环的内部会计控制目标

采购与付款循环的内部会计控制目标聚焦于规范行为、防范风险与提升效益。具体而言，旨在确保商品与劳务既满足生产销售需求，又在合理时间内以最优价格获取，同时对已采购商品及运营必需品承担相应责任。此过程需准确反映企业负债状况，保证应付款项的真实性与合理性，并严格授权支付流程。此外，企业还应合理披露采购业务中享受的折扣与折让信息，以全面优化采购效率与成本控制。

（二）采购与付款循环的业务流程与信息流程

1. 采购与付款循环的业务流程

采购与付款循环的业务流程覆盖了从需求提出到财务结算的全过程，这些活动紧密关联，共同作用于企业的存货管理。在大型制造业企业中，该循环通常包含五个核心环节：首先，请购环节，由生产或管理部门依据实际需求与库存状况，遵循预算或计划提交采购申请，并经审批人审核批准；其次，订货阶段，采购部门依据获批请购单向信誉良好的供应商下单采购；再次，验收环节，到货物资需严格对照订单或合同条款进行核查，确认无误后入库并运送至指定地点；复次，进入付款流程，财会部门在审核发票、入库单及订货单无误后，办理支付手续；最后，记账环节，财会人员依据上述凭证编制记账凭证，并准确登记总账、明细账等账簿，确保财务记录的真实性与完整性。

2. 采购与付款循环的信息流程

在采购与付款循环中，为确保信息流程的顺畅与准确，需设计一系列格式规范的单证及其流动程序。这些单证构成动态信息流转的基石，主要包括：

请购单：作为采购流程的起点，由仓储或领用部门依据采购计划或预算提出，经各级审批后转至采购部门，明确采购需求。

购货订单/采购合同：由采购部门与供应商共同签署，详细载明采购物品的数量、规格、价格、费用、结算条款等关键信息，作为双方交易的法律依据。

验收单/入库单：货物到达后，由仓储或收货部门验收并编制，一式多联分别流转至仓储、采购、财会等部门并留存，确保货物与订单一致并顺利入库。

供应商发票：供应商提供的正式财务凭证，证明货物交付及交易完成。财会部门需与验收单、订单核对无误后入账。

付款凭单：财会部门根据采购相关单据编制的内部授权文件，作为付款的直接依据，同时记录采购业务详情。

转账凭证与付款凭证：财会部门基于原始凭证编制的记账凭证，分别用于记录采购交易与资金支付的会计分录。

材料采购与应付账款明细账：详细记录每笔采购交易的明细及应付账款变动情况，为财务管理提供精准数据支持。

现金与银行存款日记账：根据付款凭单、支票存根等原始凭证，分别记录现金与银行存款的收支情况，确保资金流动的透明与准确。

对账单：供应商定期提供的核对双方债权债务的单据，企业需仔细核对确认，保障双方财务记录的一致性，预防财务差错与纠纷。

（三）采购与付款循环的岗位分工与授权管理

1. 岗位分工

在采购与付款循环中，企业需精心设置岗位，实施岗位责任制，以明确界定各相关部门与岗位的职责与权限，确保不相容岗位间形成有效的相互分离、制约与监督机制。以下是该循环中六对关键不相容岗位及其管理要点：

请购与审批分离：请购由生产、销售、仓库等部门基于实际需求提出，审批则由具有相应权限的负责人执行，严禁越权审批。采购部门依据审批后的请购单组织采购活动。

询价与供应商确定分离：询价过程应邀请采购部门与使用部门共同参与，共同评估并确定供应商，避免采购部门单一决策可能带来的风险。

采购合同订立与审计分离：采购合同由采购部门起草，但须经授权部门或人员严格审核、审批，必要时进行审计，确保合同条款的公正性与合法性。

采购与验收分离：采购部门负责采购活动，但不得参与货物的验收工作，验收应由独立的专职人员或质检部门执行，以保证验收的客观性与准确性。

采购、验收与会计记录分离：商品的采购、储存保管人员严禁兼任会计记录工作，以防误记或舞弊行为，确保会计记录的独立性与准确性。

付款审批与执行分离：付款审批人不得兼任付款执行人，同时，记录应付账款的会计人员与出纳人员职务必须分离，支票签字与应付账款记账亦应相互独立，以强化内部会计控制。

此外，企业应避免将采购与付款业务的全过程交由单一部门或个人处理，应实施轮岗制度，以促进人员交流与监督。同时，企业应配备具备良好业务素质与职业道德的人员从事采购与付款业务，这些人员应持续接受专业教育与培训，保持诚实守信、爱岗敬业的职业操守。

2. 授权管理

授权管理作为企业内部权责分配的核心机制，对于保障采购与付款循环控制目标的实现至关重要。为此，企业应构建严谨的授权批准体系，具体策略如下：

明晰权责：确立审批人在采购与付款业务中的授权审批模式、权限范围、操作程序、责任归属及相关管控措施，同时界定经办人员的职责范畴与工作要求，确保每项业务均有章可循。

严守权限：审批人员务必遵循授权批准制度，在其权限内审慎决策，严禁越权审批，以维护审批流程的严肃性与合规性。

经办人责任：经办人员应恪守职责边界，依据审批意见执行采购与付款任务。面对超权限审批，经办人有权拒绝并立即向上级汇报，强化内部控制的执行力。

专家论证与集体决策：针对重大或技术复杂的采购与付款项目，企业应组织专家团队进行深入论证，实施集体审议与决策机制，减少决策失误风险。

严格授权管理：未经正式授权的机构或个人严禁涉足采购与付款业务，确保所有活动均在受控范围内进行。

流程标准化与记录完整：企业应遵循既定程序办理采购与付款事宜，各环节均需编制详尽记录并填制相应凭证，建立健全采购登记制度。同时，企业应加强请购单、采购订单、验收单、入库凭证、发票等文件的相互核对，确保信息的准确性与一致性，为财务管理提供坚实支撑。

（四）采购与付款循环的内部会计控制的具体要点

1. 采购与付款循环的内部会计控制的要点

采购与付款循环的内部会计控制是一个跨部门、多环节的复杂体系，旨在确保交易的真实性、合规性及资金的安全高效流动。一套健全有效的内部会计控制机制应涵盖以下内容：

岗位分离与职责明确：采购、验收、储存、会计及财务部门在人员配置与职责划分上需保持独立，严格执行岗位分离原则。采购与付款流程需经各相关部门确认或批准，确保各环节相互制约、相互监督。

订单管理与审批流程：所有采购活动均需编制购货订单，并经采购部门及生产、销售等相关部门审批签字。订单副本应及时分发给会计、财务部门，以便其跟踪与核对。

验收与编号管理：货物验收后应即时编制按顺序编号的验收单，副本需送交采购、会计部门，确保收货信息的准确记录与及时传递。

发票核对机制：收到供应商发票后，采购部门需与购货订单、验收单详细比对，确认交易细节无误。此步骤是防范欺诈与错误的关键环节。

会计复核与付款控制：会计部门需对发票、验收单等凭证进行复核，确认其真实性、合法性及合规性。付款前，相关人员需填制付款凭单并经授权审批，确保资金支付的安全与合规。

债务管理与信用维护：已确认的负债应及时支付，以利用现金折扣、维护供应商关系并增强企业信用。应付账款账目应定期结账、核对，差异需及时调节。

对账与调节：定期向供应商索取对账单，与应付账款明细账或未付凭单明细表进行核对，发现差异立即查明原因并调节，确保双方账目一致。

预付账款与定金管理：建立严格的预付账款与定金授权审批制度，加强预付资金的监管，确保资金使用的合理性与安全性。

退货管理：明确退货条件、手续及货款回收流程，确保退货货物及时出库、退货款迅速收回，维护企业资产完整与资金回笼效率。

2. 请购的具体内部会计控制

企业应构建完善的采购申请制度，根据物资或劳务特性明确归口管理部门，并合理分配请购权限，细化各相关部门及人员的职责与请购流程。该制度旨在确保采购活动有序、高效进行，同时有效控制成本。

在请购环节，企业应重点关注采购申请与审批两大控制点。采购申请应遵循以销定产、库存合理原则，基于预算与实际需求及时提出，大额采购需由采购部门集中处理，禁止领用部门擅自采购。审批流程中，审批人员需依据职责、权限及既定程序严格审核采购申请，对不合规申请提出调整建议或拒绝批准。

三联请购单作为采购与付款循环的起点，由仓储或生产部门发起，分别流向采购、付款及仓储部门，实现内部信息的有效传递与核对。在制造业中，请购单通常源自仓库、使用部门或生产部门，特定人员负责申购，并设有金额上限，超限申请需额外审批。

鉴于请购单来源广泛，虽不强制预先编号，但每份单据均需相关部门主管签字确认，确保申请的真实性与必要性。在信息化环境下，企业可利用计算机程序自动监测库存水平，适时生成请购单，并自动记录相关负债与费用，提升管理效率。

此外，企业应强化请购需求管理，确保需求合理、依据充分、单据准确，并严格预算管理。预算内项目需按进度申请，超预算及预算外项目则需明确审批权限，经严格审批后方可实施，以维护预算的严肃性与采购活动的规范性。

3. 订购的具体内部会计控制

（1）供应商控制

企业在供应商管理领域，往往面临众多潜在合作伙伴的选择。为确保物资供应的稳定性与可靠性，同时契合企业战略需求，企业应建立一套科学、全面的供应商选择体系。这包括确立明确的选择标准、机制及程序，不仅聚焦于供应商的信用状况评估，更要从长远发展视角出发，考量物资供应的持续性与稳定性。

具体而言，企业应深入调研供应商的信誉记录、供货实力、技术能力、服务质量及市场口碑等方面信息，构建综合性的评价标准。在此基础上，设计公正、透明的选择机制，鼓励采购、使用等部门共同参与，通过比质比价的方式，综合评估各供应商的综合优势。这一过程旨在确保选择的供应商不仅符合当前需求，更能与企业共同成长，支持企业的长期发展战略。

实施时，企业应遵循既定的授权批准程序，确保供应商选择决策的合规性与严谨性。通过多部门协同作业，充分交流意见，形成共识，最终确定合适的供应商合作伙伴。这一流程不仅强化了内部控制，也提升了供应商选择的科学性与有效性，为企业构建稳固的供应链体系奠定坚实基础。

（2）购货订单控制

请购获批后，企业可依据请购单编制预先编号的多联购货订单，此订单作为向供应商发出的正式采购要约，承载着采购货物与劳务的关键信息。在签订购货订单前，采购部门需严格审核供应商的信用状况，确保能以最优条款获取所需物资。

多联购货订单应详尽记录交易所需的一切细节，包括但不限于数量、品名、价格、支付条款、供应商地址及发货说明等，以确保订单执行的顺畅无阻。通常，企业会准备至少五联订单：首联致供应商，其余则分别流转至付款、仓储及收货部门，第五联由采购部门留存，用于与收货单核对，确保收货无误。为强化收货环节的准确性，部分企业在收货部门的订单联上会省略订货数量，促使收货人员细致清点货物。

在数字化环境下，购货订单信息可存储于计算机系统中的公开文件内，便于后续与验收单据进行自动化比对，提升工作效率与准确性。

鉴于购货订单作为经济交易授权与记录的核心凭据，对其控制至关重要。控制措施包括但不限于实行订单预先编号制度，保障订单的可追溯性与会计处理的完整性；订单发出前，需经专人复核授权签名及请购单匹配情况，确保订单合法性；设立订单复核岗位，对订单编制过程与内容实施二次检查，预防错误；及时将订单副本分发至请购与收货部门，既验证订单内容的准确性，又为收货工作提供明确标准。通过上述措施，企业能有效加强购货订单的管理与控制，保障采购活动的规范、高效运行。

（3）采购价格控制

企业还可以采用订货合同、直接采购等方式进行采购。采购订单或合同中，价格是最容易出现问题的部分。采购价格控制同样要从定价标准、机构、程序、授权与批准等方面进行控制。确定采购价格要经过询价、比价、议价和定价等程序。定价可以分别采用议定、公开市场确定、招标定价等方式。

（4）采购时间和数量控制

采购时间，即自请购提出至物资入库的全过程，其管理关键在于平衡生产需求与库存成本，避免停工待料或过度库存导致的资金占用。企业需综合考虑资金周转效率、资金成本、储存费用、采购折扣、消耗模式及缺货风险等因素，通过科学分析与决策，确定最优经济采购批量。

在此过程中，采购部门应积极运用经济批量法作为指导原则，该方法旨在通过最小化订货成本与持有成本之和来确定最优订货量。实施时，采购部门需根据分析结果，精准设定采购数量与时间，并及时将采购计划通报仓储与生产部门，确保供应链各环节协调运作，既满足生产需求，又有效控制库存水平，实现资源的最优配置与成本效益的最大化。通过这一系列精细化管理措施，企业能够显著提升采购效率，降低运营成本，增强市场竞争力。

4. 验收的具体内部会计控制

为确保控制的有效性，货物的验收环节应由独立于请购、采购及财会部门的专门人员负责执行。验收流程的核心在于凭证审核、数量核对与质量检验三方面，旨在同时强化采购业务与存货管理的控制。

收货部门承担关键职责，确保所收货物在质量与数量上均符合要求。货物抵达后，应被临时存放于指定区域，便于实施全面检查。验收时，需仔细核对供货商的发货单与购货订单，任何差异均需明确标注并获得发货方确认。随后，可依据实际情况选择使用购货订单联直接作为验收单，或另行编制预先编号的多联验收单记录收货详情。

验收单的流转至关重要：首联连同发货单送交财会部门，作为记录负债的依据；次联由收货部门留存，与购货订单联比对；三联返回购货部门，通知到货情况；四联则随货物送至仓储或生产部门，与请购单及购货订单联核对无误后更新存货记录。完成验收流程后，货物方可正式入库或直送生产线。

针对验收中的异常情况，收货部门应立即上报，相关部门需迅速查明原因并采取纠正措施。为进一步提升验收独立性，部分控制制度会省略购货订单副本中的数量信息，迫使收货人员独立清点；而另一些制度要求双人签字验收，双重保障验收结果的准确性与公正性。这些措施共同构成了收货控制体系的坚固防线，确保企业资产的安全与完整。

第七章

大数据背景下的会计信息化

第一节　大数据背景下企业会计信息系统与服务平台构建

一、大数据背景下企业会计信息系统

（一）数据与信息的关系

数据，作为事实或观察的直接产物，是对现实世界的原始记录，是对客观现象的逻辑提炼。而信息，则是数据经过精心处理与解读后所呈现的形态，它赋予特定数据以明确的意义，对接收者的当前行动及未来规划产生实质性影响，成为决策制定的关键要素。以下是对数据与信息之间关系的深入剖析：

数据的筛选性：并非所有数据都能直接转化为信息。信息是经过筛选、消化后的数据精华，剔除了冗余与无关部分，专注于对接收者有价值的内容。

信息的本质与稳定性：信息是对现实概念的直接而深刻的反映，其核心价值在于其内容的实质，而非承载它的物理媒介。因此，信息具有跨平台、跨介质的稳定性，不随存储设备的变更而改变。相比之下，数据则紧密依赖于计算机信息系统，其存在形式与计算机环境息息相关。

数据的提炼与价值：通过科学的方法对原始数据进行加工、提炼，可以挖掘出蕴含其中的信息。这一过程使得数据转化为对决策具有指导意义的宝贵资源，即信息。信息作为有用数据的集合，为决策提供了坚实的基础。

信息对决策的价值：在决策过程中，信息的价值无可估量。它不仅是决策制定的依据，更是优化决策质量、提升决策效率的关键。然而，值得注意的是，信息量并非与数据量成正比。即使数据量庞大，如果缺乏有效的提炼与分析，也难以转化为对决策真正有用的信息。

（二）大数据背景下企业会计信息系统的风险

在会计信息化进程中，企业广泛应用大数据技术，显著提升了信息处理速度与办公效率，但同时面临多重风险挑战。首先，会计信息系统风险尤为突出，高度依赖计

算机技术而导致系统脆弱，一旦计算机故障或远程软件支持中断，整个会计信息系统都可能瘫痪，影响业务连续性。其次，会计信息数据风险不容忽视，电子数据的易修改性和无痕性虽促进了信息共享与效率提升，但也增加了数据误删或覆盖的风险，一旦关键财务数据丢失，将对企业合作与纠纷解决造成严重影响。再者，行业竞争激烈，部分企业采用不正当手段窃取竞争对手会计信息，甚至雇佣黑客攻击，破坏对手会计系统，严重扰乱市场秩序。此外，网络病毒持续进化，以多种途径快速传播，严重威胁会计信息系统的安全与稳定，随时可能引发系统瘫痪或财务数据泄露。最后，信息平台安全风险是企业不愿公开会计信息的核心原因，共享平台的安全漏洞可能导致商业机密被窃取，危及企业生存与发展。因此，建立健全相关法律法规与标准化制度，加强信息平台安全防护，成为保障企业会计信息安全、促进健康竞争环境的当务之急。

（三）大数据背景下企业会计信息系统的构建对策

在大数据背景下，企业需采取多维度策略，以优化会计信息系统并保障信息安全。首要任务是积极完善会计信息系统功能，结合云计算的灵活性与大数据技术的处理优势，量身定制符合企业实际需求的信息系统，确保高效运作并满足多方合作需求。同时，企业应紧跟市场准入制度与行业标准，持续优化系统性能。其次，企业应加强会计信息系统的安全防护，鉴于开放网络环境带来的安全挑战，企业需构建防火墙、引进专业人才，实施全方位的数据保护措施，以抵御病毒与黑客攻击，确保数据信息安全无虞。最后，人才是推动会计信息化发展的关键，鉴于复合型人才短缺的现状，需从教育与培训入手。教育领域应推动会计教育改革，融入会计信息化理念，培养复合型会计信息化人才；企业则应加大对在职会计人员的培训力度，通过多样化培训方式提升其专业技能，促进其向会计信息化人才转型，为会计信息化事业的持续发展提供坚实的人才支撑。

二、大数据背景下会计信息服务平台构建

（一）会计业务管理系统

会计业务管理系统作为现代企业管理的核心枢纽，其核心使命在于高效传输、安全储存、精准处理与广泛收集会计信息，以此精准映射企业经营实况，并实施强有力的控制与全面的监督。该系统聚焦于提升会计信息处理效率，旨在帮助会计人员从繁重的手工操作中解放出来，快速应对复杂的会计数据处理任务。因此，会计业务管理系统高度依赖先进的信息加工处理技术与信息组织技术，以优化工作流程，提升工作效率。

相较于传统会计信息系统，会计业务管理系统展现出了更高的信息维度与广度，能够更具体、更全面地反映企业主体的经营活动，满足企业在信息化时代日益增长的复杂需求。二维会计信息已难以满足当前企业发展的全面视角需求，故而会计业务管理系统积极融入“人”的因素，将人力资源信息纳入考量范畴，进一步凸显信息资源的重要性与价值。

为了实现这一目标，会计业务管理系统充分整合现代科技力量，包括网络通信技术、多媒体视频点播技术，以及计算机网络技术等，构建了一个动态的企业会计信息仓库。这一仓库不仅能够实时传输各类复杂会计信息，还能实现信息的即时更新与多维度分析，为企业决策提供及时、准确的数据支持。通过这一系统，企业得以在激烈的市场竞争中保持敏锐的洞察力与高效的响应能力，推动企业的持续健康发展。

（二）会计信息资源管理系统

会计信息资源管理系统作为企业管理的心脏地带，其核心职能在于高效整合并管理企业内外部的多元化信息内容。通过精细化的数据处理与整合机制，该系统不仅提升了企业外部决策的效率，还显著强化了内部控制与管理效能。值得注意的是，会计业务管理系统在深度加工各类信息后，会无缝对接至会计信息管理系统，但后者的信息来源远不止于此，它广泛获取企业供应链乃至全球范围内的多维度信息。

从企业发展的宏观视角审视，信息的价值超越了单一的经济活动范畴，国际动态、社会文化、政治环境、科技进步等领域的信息同样是企业宝贵的战略资源。因此，会计信息资源管理系统构建了一个开放而全面的信息生态系统，确保企业在制定决策时能够综合考量财务与非财务信息，形成更为全面、前瞻的决策视角。

在信息化浪潮中，ERP 系统作为企业信息化管理的标杆工具，被广泛应用于各类企业。ERP 系统不仅是信息资源系统的典范，更是会计信息资源管理系统的强大支撑。通过深度集成 ERP 系统，企业能够借助其强大的数据处理与分析能力，辅助工作人员进行逻辑推理、趋势预判与深度分析，为经济结构的优化调整与企业价值的持续增长提供坚实的信息基础。

综上所述，会计信息资源管理系统以其广泛的信息收集范围、高效的信息处理能力以及深度的 ERP 系统融合，为企业决策提供了全方位、多维度的信息支持，助力企业在复杂多变的市场环境中稳健前行，实现更大的经济价值。

（三）会计决策支持系统

会计决策支持系统，作为一种集成人机交互与先进人工智能技术的计算机系统，其核心在于为管理者提供全面、精准的数据支持，以优化决策过程。该系统巧妙融合了模型库、方法库与数据仓库三大核心组件，专为解决会计信息仓库中复杂多变的半结构化及非结构化决策难题而设计。其数据根基源自会计业务管理系统与会计信息系统的实时供给，确保了决策信息的时效性与有效性。

模型库作为系统的知识宝库，储存了包括筹资模型、预测模型在内的多种管理模型，为决策者提供了丰富的分析框架。而方法库汇聚了成本计算、量本利分析等实用工具，助力决策过程更加精细与科学。这些组件共同构成了会计决策支持系统的强大分析引擎，驱动着高质量的决策制定。

该系统的理论根基深植于控制论、管理科学、运筹学及行为科学等学科，这些理论为系统提供了坚实的理论支撑与分析逻辑。通过运用人工智能技术，系统能够智能解析来自会计信息系统的海量数据，为决策者提供直观、深入的洞察，助力其做出更加明智、高效的决策。

展望未来，会计决策支持系统需保持与国际发展的同步，积极吸纳前沿技术，不断创新与优化内部模型与方法，以适应企业发展的多元化需求。通过持续的技术迭代与模型创新，系统将为企业提供更加精准、合理的决策建议，成为推动企业持续成长与变革的强大助力。

（四）大数据背景下会计信息服务平台的构建分析

1. 做好数据中心规划

在构建会计信息服务平台的过程中，数据中心规划是至关重要的一环。统一建设各单位财务管理系统后，关键在于构建会计信息服务平台于数据中心之内，依托高效数据库强化数据存储与采集效能，并融合云计算、大数据等先进技术，深度挖掘数据价值，为平台管理功能的全面实现奠定坚实技术基础。

云平台搭建策略需层次分明：底层部署 IaaS 层，整合软硬件资源，释放计算与存储潜能；中间层引入 PaaS 层，提供软件研发、数据安全及数据分析等综合服务，支撑平台高效运行；顶层则运用 SaaS 模式，构建云会计应用，通过互联网与分布式计算技术，实现会计业务的在线集中处理与核算，简化应用部署，提升服务灵活性。

用户通过终端接入数据中心会计信息服务平台，便捷上传原始凭证等资料，并实时获取所需数据信息。平台支持总部财务人员的远程审批流程，促进各单位信息流与资金流的深度融合分析，强化预算管理、资金管理等关键环节，确保预算计划与经费开支标准的严格执行，推动财务管理向智能化、精细化转型。

2. 做好平台数据分析

搭建会计信息服务平台时，核心在于对海量数据进行深度分析与智能处理，以支撑高效、精准的会计信息服务。这要求系统不仅能够依据会计科目精准分类数据，还需构建灵活的数据分析模型，通过预设算法与指令规则自动化整理与分析数据，并借助报警阈值设置强化监控机制。

鉴于各企业业务特性与关注点的差异，模型设计需紧密贴合其业务架构、特点及关键绩效指标。初期，企业应确立日常科目中的核心常量（如固定费用、系数等），随后结合应用场景与历史数据分析，提炼出适用的固定公式，并考虑设置合理的假定条件以调整公式。在此基础上，构建多元化的分析模型（如业绩预测、费用控制等），融合关联分析、变动趋势、结构分解等分析方法，实现会计信息数据的智能化、集成化处理，精准捕捉数据异常，科学预测数据变化趋势。

通过将预算控制、费用限额等阈值嵌入系统，实现超标自动预警功能，不仅提升了财务管理的时效性，更促使财务职能从传统的核算角色向决策支持角色转变。这一系列措施共同作用于会计信息服务平台，不仅优化了数据处理流程，还增强了决策的科学性与前瞻性，为企业价值的持续增长提供了有力保障。

3. 做好数据集中部署

在推进会计信息服务平台的建设过程中，我们应聚焦于信息系统的集中部署与服务平台的集成化构建，旨在通过统一的信息系统技术标准，促进系统间的无缝互联与深度集成，从而强化数据的融合与共享能力。从平台架构的视角审视，其构建涵盖了软件与硬件两大支柱。

硬件层面，平台集成了信息安全设施、高效网络传输系统、先进的数据存储与处理设备，以及云计算平台，这些基础设施共同支撑起数据存储、处理、传输与采集的全链条作业，为平台运行提供了坚实的技术底座。

软件层面，则采用了模块化设计理念，精心构建了一系列功能丰富的子系统，这些子系统不仅支持多维数据结构的灵活构建，还通过精细划分形成了业务与财务两大子系统。业务子系统覆盖了项目管理、物资采购、资产管理、生产经营等关键领域，实现了企业运营各环节的信息化覆盖；而财务子系统聚焦于会计财务的研判、分析、预测与核算等核心功能，通过智能化手段提升财务管理效能。两大子系统相辅相成，共同推动企业信息的全面整合与高效利用。

通过这样一体化的平台构建策略，我们不仅实现了信息系统间的紧密集成与数据共享，还促进了业务流程与财务流程的深度融合，为企业决策提供了更加全面、准确的信息支持，推动企业管理向智能化、精细化方向迈进。

三、大数据背景下"云会计"信息服务平台的构建分析

（一）云会计概述

1. 云会计的定义

所谓云会计，就是置身云计算环境中的会计工作。云会计的实质就是对云技术进行利用，在互联网上将虚拟会计信息系统构建起来，完成企业的会计管理、核算等内容。云会计将对会计工作信息化发展起到强大的推进作用。

2. 云会计的特点

从传统意义角度看，企业认为，自己购买的会计软件属于"产品"并会在购买后，在计算机操作系统中对其进行安装。然而，在云会计框架下，企业向线上服务提供商购买的并非会计软件的所有权，而是使用权。

3. 云会计的优势

在现代企业财务管理信息化的征途中，云会计无疑扮演了至关重要的角色，其"远程操控"的特性更是成为推动财务管理革新的强大引擎。云会计平台将会计信息置于"云端"，打破了时间与空间的界限，使得会计人员能够轻松跨越物理障碍，通过计算机、平板乃至手机等终端，实现会计业务的即时处理与高效管理，极大地提升了工作效率与灵活性。

对于企业管理者而言，云会计不仅是数据处理工具，更是决策支持的智囊。它赋予了管理者深度挖掘与分析非财务信息与财务信息融合数据的能力，助力其构建全方位、多层次的企业经营状况视图。在此基础上，管理者能够预测市场趋势，敏锐识别并有效应对企业经营中潜藏的风险，从而赋予企业更强的市场适应力与竞争力，确保企业在瞬息万变的市场环境中保持活力。

4. 云会计的其他问题

尽管云会计以其独特的优势为企业财务管理带来了前所未有的效率，但面对会计信息的安全性问题，众多企业仍持谨慎态度，选择观望。确实，云计算的集中存储特性意味着一旦云存储中心遭遇攻击或故障，其后果将波及众多企业，造成不可估量的损失，尤其是核心数据的泄露，一旦被竞争对手获取，其后果更是严重，可能直接威胁到企业的生存与发展。

因此，企业在决定是否采用云会计时，必须全面权衡利弊，对云会计服务提供商进行细致而慎重的选择。这一过程中，企业应综合考虑多方面因素：首先，服务商的信誉与口碑是首要考量因素，它直接反映了服务商的专业水平与服务质量；其次，服务价格与性价比也是不可忽视的一环，企业应寻求成本与效益的最佳平衡点；再次，服务商的规模与服务能力也是评估的重要指标，它关系到服务商能否稳定、高效支持企业的会计信息化需求；最后，技术层面的考量同样关键，包括技术支持的响应速度、系统的可扩展性、可定制性、稳定性，以及核心的安全性，这些都是保障企业会计信息安全、实现会计信息化目标的重要基石。

（二）大数据背景下“云会计”信息服务平台的构建

1. 大数据背景下“云会计”信息服务平台构建的必要性

在当前我国综合实力稳步增强、信息化社会加速推进的背景下，大数据技术在企业会计领域的深入应用已成为提升企业核心竞争力的关键路径。面对消费者评价、市场占有率等多元因素对企业发展的深刻影响，固守传统工作模式已难以满足市场需求，不仅耗费大量资源于信息搜集，还加大了会计工作的难度。大数据技术的引入，则如同为企业装上了信息获取的“加速器”，助力企业高效收集并分析海量有效信息，直接推动业绩提升与综合实力的增强。

随着企业规模的扩张与内部结构的复杂化，市场需求不断推动企业拓展业务边界，对信息处理效率提出了更高要求。相较传统模式，新技术赋能下的企业能够应对信息爆炸的挑战，确保决策基于精准高效的数据支持。将大数据技术融入会计工作，不仅优化了信息收集流程，降低了资金成本，还促进了成本结构的科学化调整，显著提升了企业运营效率。

传统会计核算向信息化的转型，是大势所趋。大数据与云计算等前沿技术的融入，不仅推动了会计管理系统的全面升级与财务数据管理体系的完善，还强化了企业风险管控能力，实现了财务风险的精准识别与会计信息化水平的跨越式提升。这些技术的应用，确保了信息处理的时效性、规范性与准确性，优化了资源配置，避免了资源浪费。同时，“云会计”信息服务平台的构建，为企业提供了更广阔的数据存储空间与更强大的数据分析能力，使库存、销售、采购、利润、费用、成本等关键经营数据得到精细分析，为管理层决策提供坚实的数据支撑，引领企业决策迈向更加科学、精准的轨道。

2. 大数据背景下“云会计”信息服务平台的构建策略

（1）要对大数据共享平台的使用层级进行完善，对权责明确的管理体系进行搭建在构建大数据会计信息一体化共享平台时，权限管理策略至关重要，需精心设计以确保信息的安全与高效流通。首先要确立企业财务决策人员的顶级管理权限架构，赋予其对会计全链条数据（涵盖入账、拨款、核销等）的最终审批权，同时界定下级会计人员操作权限的能力，确保决策链的清晰与权威。

其次，强化基层会计人员的权限管理，实施实名制操作权限分配，明确其在各自职责范围内的操作权限，同时合理设置对其他会计环节的浏览权限，既保障工作效率，又维护信息安全边界。对于需与会计部门共享信息的业务部门人员，采取只读权限策略，让他们能够即时掌握企业发展动态与财务状况，获取必要的会计信息，而无须担心信息被不当修改，从而保障会计信息的真实性与完整性，有效遏制潜在的利益驱动下的篡改行为。

最后，实施严格的账号管理制度，对于所有获准使用大数据会计信息一体化共享平台的用户，均实行一人一号原则，明确账号与权限的对应关系，避免权限混淆与责任不清，为平台的顺畅运行与责任追溯奠定坚实基础。这一系列权限管理措施，旨在构建权责分明、高效协同的会计信息共享环境，推动企业决策与管理的智能化、精细化进程。

（2）应当对大数据会计信息一体化共享平台建设中的监管层级体系进行完善

从技术维度审视，大数据共享平台支撑下的会计信息一体化系统，不仅凸显了其高度的专业性，更因其承载着企业资本命脉的会计信息而要求管理上的极致严谨。在平台构建过程中，融合时间管理与流程管理策略，是强化监督层次、确保系统稳健运行的关键。流程管理方面，企业应精心制定权责明晰的流程清单，紧密跟随市场动态与会计准则的最新要求，构建高效运转的流程体系。此体系确保各职权平行的独立用户能分散而有序地行使会计信息的录入、复核、签批、核报等权限，既保障了会计信息的内部透明度，又实现了权责间的有效监督与制衡。时间管理上，则通过实施定期归档整理会计信息公开报告的制度，激发员工主动披露会计信息的积极性，促进信息的全面流通，营造全民参与、共同监督的良好氛围，为企业的健康稳定发展筑牢基石。

第二节　大数据背景下会计信息化的运行环境

一、大数据环境与会计信息化建设分析

（一）大数据环境特点

大数据环境相较于传统数据处理模式，展现出了三大显著优势：首先，它拥有很大的信息容量，不仅在数据种类上实现了对传统数据的拓展，更在数据数量上实现了质的飞跃，动辄以 TB（1024GB）为单位计量，其蕴含的信息量之巨大，足以支撑企业实施跨领域的数据联合应用，并通过强大的信息处理能力不断优化数据处理策略。其次，大数据展现出卓越的关联性特征，其处理能力堪比人类大脑，超越了传统数据处

理模式的局限性。在会计信息化领域，这一优势尤为明显，不再局限于简单的表格存储与计算，而是能够多层分类存储数据，实时捕捉与分析用户特征，展现出更强的逻辑连贯性与数据间的深度关联。最后，大数据技术的处理速度令人瞩目，作为数据挖掘技术的进化形态，它大幅提升了数据筛选与查找的效率，无论是流处理还是批量处理方式，都能迅速响应，确保数据处理的时效性与准确性。

（二）会计信息化建设风险

1. 建设决策失误风险

企业在推进会计信息化建设时，必须紧密贴合自身的发展战略与经营现状，进行精准定位与深度剖析。遗憾的是，当前不少企业缺乏对内部问题的深刻洞察与长远规划的明确设定，导致在信息化建设征程中，缺乏清晰、可持续的目标。这种目标缺失进一步影响了企业对信息化建设需求的精准把握，使得其在选择供应商时往往偏离实际需求，易受外界误导，忽视了真正亟待解决的问题。

此外，我国会计信息化建设尚处于探索期，面临的一大挑战是市场上多数会计信息系统供应商倾向于直接引进国外系统，这虽能快速获得技术框架，但在实际应用中却可能遭遇“水土不服”的困境，难以完美适配国内企业的特定需求与运营环境，影响了信息化建设的成效与效率。因此，企业在推进会计信息化建设时，务必坚持问题导向，立足本土实际，审慎选择解决方案，确保信息化建设能够真正助力企业战略目标的实现与经营效能的提升。

2. 专业人才队伍缺乏

当前，尽管会计信息化领域正经历着变革，但与之相匹配的人才队伍建设却显得滞后。会计人员在实际操作中面临诸多挑战，如对会计信息系统的理解不够深入全面，导致工作效率与质量不尽如人意，从而未能充分发挥会计信息系统应有的效能。此外，一个不容忽视的问题是，无论是会计信息系统的直接使用者还是企业管理者，都往往未能充分认识到会计信息系统的潜在价值，存在低估倾向。这种认知偏差进而影响了管理层的决策，使得他们可能错误认为会计信息系统建设的投资回报率低下，进而削减对系统后期维护与升级的必要投入，这无疑对会计信息化的持续发展与优化构成了重大障碍。因此，企业应加强会计信息化人才队伍建设，提升全员对会计信息系统的认知与价值认同，成为推动会计信息化深入发展的关键。

3. 数据安全存在风险

在享受网络科技带来的便捷之时，我们也不得不正视其伴生的安全隐患。会计信息系统中潜藏的漏洞，成了黑客与病毒攻击的突破口，严重威胁着会计数据的安全。这种安全顾虑，正是部分企业迟疑不决，迟迟未敢踏上会计信息化建设之路的原因之一。加之，国内云会计服务领域尚缺乏一套国家层面明确且统一的安全标准，自主云会计供应商资源稀缺，使得企业在采用云服务时面临诸多不确定性。一旦云会计服务器因技术缺陷、外部攻击或自然灾害等因素发生故障，数据丢失的风险将骤增，可能给企业带来无法估量的损失。因此，企业应加强会计信息系统安全防护，建立健全云会计服务安全标准体系，成为推动企业安心迈向会计信息化道路的关键。

（三）会计信息化风险分析

1. 缺乏科学认识和配套支持

尽管企业管理层普遍认识到会计信息化的战略重要性，但在具体执行层面仍面临挑战。会计信息化建设非一日之功，它要求企业持续投入资源，不仅限于初期的硬件采购，更包括后续的系统维护、软件更新等常态化工作。然而，现实情况是，许多企业对于会计信息化的投入呈现“一次性”特征，即重建设轻维护。这种短视行为导致系统在建成后便疏于保养，硬件老化、软件过时，系统运行稳定性与兼容性大打折扣。一旦系统在实际应用中遭遇突发故障，不仅影响工作效率，更可能触发会计风险，给企业带来不必要的损失。因此，企业需转变观念，将会计信息化建设视为一项长期投资，确保持续的资金与技术支持，以保障系统的稳定运行与效能发挥。

2. 数据资源管理模式单一

随着云技术和大数据技术的日益成熟，现代企业会计工作正步入一个全新的数据驱动时代，其核心任务聚焦于数据资源的深度开发与科学管理。尽管会计工作者与企业管理者已认识到数据资源的重要性，但在管理实践中，仍普遍采用较为单一的管理模式，这种现状潜藏着不容忽视的风险。特别是数据存储环节，涉及企业核心商业机密的财务资料与会计数据，往往依赖于物理服务器进行存储。尽管企业采取了安装安全防护软件、启用防火墙等多重安全措施，但面对日益复杂的网络安全威胁，尤其是黑客攻击，这些措施远远不够。一旦黑客成功入侵，企业会计信息面临泄露风险，其后果将是灾难性的，不仅可能导致商业机密外泄，还可能引发法律纠纷与经济损失，严重影响企业的稳健运营与长远发展。因此，探索并实施更加多元化、高效能的数据资源管理模式，成为现代企业会计工作亟待解决的重要课题。

3. 忽视会计人员的职业培养

在大数据时代背景下，会计从业者面临着前所未有的挑战与机遇，唯有不断学习新知、提升技能，方能保持个人竞争力。然而，当前企业在推进会计信息系统建设的同时，往往忽视了在职会计人员的专业培训与成长需求。培训内容的滞后性成为一大痛点，传统、老旧的课程内容难以跟上技术发展的步伐，缺乏对会计信息系统开发、财务软件操作等关键技能的掌握。这直接导致了即便企业拥有了先进的会计信息系统，会计人员却因缺乏必要的技能储备而无法充分利用其优势，系统功能价值大打折扣，甚至因操作不当而引发的风险问题也时有发生，给企业的财务管理带来隐患。

因此，企业应当深刻认识到会计人员培训的重要性与紧迫性，及时调整培训策略，确保培训内容与大数据时代的技术发展趋势相契合。通过引入前沿课程、实操演练、案例分析等形式，全面提升会计人员的专业技能与信息系统操作能力，他们能够熟练掌握会计信息系统的各项功能，有效发挥其价值。同时，企业应建立持续学习的激励机制，鼓励会计人员自主学习、勇于创新，不断提升个人综合素质，为企业的会计信息化建设贡献更大力量。

4. 安全管理制度的建设滞后

企业在追求会计信息化软硬件快速升级的同时，往往容易忽视配套安全管理制度的同步构建，导致会计信息化进程中的制度短板日益凸显。特别是在大数据时代背景下，无纸化办公的普及使得电子数据成为企业核心资产，其安全性与完整性直接关系到企业的经济利益与商业安全。然而，当前许多企业的财务管理制度中，关于电子数据的保管、加密、备份等关键环节的规定却模糊不清，甚至完全缺失。

这种制度上的缺失直接反映在实际操作中，表现为会计人员对电子数据安全管理意识的淡薄。他们可能缺乏必要的加密保护技术知识，也没有形成定期备份电子数据的良好习惯。一旦遭遇黑客攻击、系统崩溃等突发情况，企业将面临会计信息丢失的严峻风险，不仅经济损失难以估量，更可能因商业机密的泄露而陷入法律纠纷与品牌信誉危机。

因此，企业在推进会计信息化建设的同时，必须高度重视安全管理制度的完善与落实。一方面，要建立健全电子数据保管、加密、备份等安全管理制度，明确责任分工与操作流程；另一方面，要加强会计人员的安全培训与教育，提升他们的数据安全意识与操作技能水平。只有这样，才能确保企业在享受会计信息化带来的便利与高效的同时，有效防范潜在的安全风险，保障企业的稳健运营与持续发展。

二、大数据对会计信息化运行影响分析

（一）构建资源共享平台，促进会计工作效率与质量双提升

会计作为企业管理的核心环节，历经数百年发展，其重要性不言而喻。在大数据时代背景下，企业通过巧妙融合大数据技术于会计信息化建设之中，成功搭建了一个内容广泛、资源丰富的资源共享平台。这一平台不仅实现了财务信息的有效整合与链条化呈现，更为会计工作人员提供了前所未有的便捷共享渠道。会计工作者能够即时访问平台，灵活调整工作策略，显著提升工作质量与效率，确保企业在激烈的市场竞争中保持领先。

（二）削减成本，助力企业轻装上阵

对于众多企业，尤其是资金相对紧张的中小企业而言，会计信息化建设的初期投入往往造成不小的负担。然而，大数据技术的应用为这一问题提供了创新解决方案。通过大数据驱动的会计信息化建设，企业能够显著降低基础设施建设成本，避免不必要的开支浪费，实现成本的有效控制。这不仅缓解了企业的资金压力，更为其持续健康发展奠定了坚实基础。

（三）加速会计处理流程，提升工作效能

传统会计核算模式依赖于烦琐的人工流程，不仅耗时耗力，且难以避免人为误差带来的经济损失。而大数据时代的会计信息化建设，则彻底颠覆了这一现状。通过将人工核算转化为高效的信息化技术手段，企业不仅极大减轻了会计人员的工作负担，还实现了会计处理效率的飞跃式提升。这一变革不仅提升了企业的整体运营效率，更为其精准决策与快速响应市场变化提供了有力支撑。

三、大数据背景下会计信息化的发展方向

（一）重塑会计工作理念，拓宽数据视野

面对大数据时代的洪流，传统会计流程已难以应对。企业需革新会计工作思路，将信息技术与网络应用从单一的软件操作提升至系统整合与智能决策层面，构建适应新时代的会计工作模式。在数据搜集上，应广泛采集结构性与非结构性数据，全面反映企业经济活动与潜在价值。同时，优化数据处理、传输与报告流程，采用高效方法与先进硬件，挑战会计人员综合能力，以多样化分析方法挖掘数据价值，拓宽数据视野，为企业决策提供坚实支撑。

（二）强化信息化风险防范，构建安全屏障

大数据时代带来便利的同时，也潜藏着数据安全风险。企业应加强与外界的沟通合作，同时建立健全的风险防范机制，确保会计核算数据的安全传输与存储。面对网络犯罪威胁，需提前部署防护措施，如加密技术、防火墙升级等，全面提升会计信息系统的抗风险能力，构建安全屏障。

（三）推动会计信息行业化集中，共享资源红利

借助云计算技术，企业可降低硬件管理与软件维护成本，促进会计信息软件的持续优化。针对行业共性，推动会计信息的行业化集中使用，不仅能够提升数据资源的利用效率，还能加速会计信息化进程。通过构建行业数据共享平台，实现资源的高效整合与优化配置，共享资源红利。

（四）深化会计信息综合性，提升决策质量

在大数据环境下，企业需更加重视非结构性数据的应用，以更全面的视角展现企业价值。会计报告应融入人力资源、环境资源等非传统财务信息，提供更具时代特征的综合性数据。会计人员需加强商业模式量化分析，紧跟市场动态，为信息使用者提供更具洞察力与前瞻性的决策支持，提升决策质量。

（五）完善法律法规体系，为会计信息化发展护航

针对大数据时代会计信息化面临的新挑战，我们应加快相关法律法规的制定与完善，明确权责划分，建立健全奖惩机制与责任追究制度。同时，企业应建立第三方监管机构，定期对共享平台及用户行为进行审查，确保会计信息化在法治轨道上稳健前行。

总之，大数据时代为会计信息化带来了前所未有的机遇与挑战。企业应积极拥抱新技术，创新工作理念，强化风险防范，推动行业资源共享，深化信息综合性，并完善法律保障，以全面提升会计信息化的水平与质量。

第三节 大数据背景下会计面临的挑战

一、大数据与云计算

（一）云计算的定义与特性

云计算，作为互联网服务的新兴模式，其核心在于通过互联网动态提供可扩展且常虚拟化的计算资源与服务。它是传统计算机技术与网络技术深度融合的产物，标志着计算能力作为一种商品，正通过互联网自由流通。云计算不仅涵盖了分布式计算、并行处理与网格计算，还进一步拓展至基于互联网的计算范畴，为用户提供包括硬件、基础架构、平台、软件及存储在内的全方位服务。在这一模式下，第三方服务提供商扮演着关键角色，负责云系统的运营与维护。用户数据被安全存储在云端数据中心，应用程序则在云端大规模服务器集群中高效运行。云计算的应用范畴广泛，依据服务范围可分为公共云、私有云及混合云，为企业会计控制的加强与外部信息的高效获取提供了强大支撑。

（二）大数据与云计算的协同共生

大数据与云计算，两者相辅相成，共同推动着信息技术领域的深刻变革。大数据作为新时代的业务驱动力，其顺畅运行高度依赖于云计算的基础架构支持。云计算通过其分散式的资源分配机制，有效应对了传统数据库在处理海量、多样化数据时的局限性，为大数据解决方案的实施铺平了道路。大数据问题集的解决，云技术无疑是高效的手段。公有云架构在大数据背景下对数据仓库的直接影响较小，而私有云通过优化数据集市布局与实现数据集成，进一步提升了业务价值。云时代的大数据平台，不仅能够支撑海量数据的存储需求，还具备高速数据挖掘能力，助力企业从数据中挖掘价值，实现数据资产向利润中心的转变，真正践行“大数据即大价值”的理念。通过结合数据库存储与 Map Reduce 架构，企业能够构建高效处理多类型数据的大数据分析平台，以数据为核心驱动力，引领业务创新与发展。

二、大数据与云计算为会计信息化带来的机遇

（一）会计云计算在会计信息化中的现状

会计云计算作为云计算技术与会计信息化深度融合的产物，正逐步重塑会计工作的面貌。该模式下，会计计算能力以服务形式提供，实现了服务提供者与使用者的分离，用户通过付费即可享受会计计算服务，且访问无地域限制，仅需联网设备即可操作。资源共享是其核心特征之一，资源池中的资源对多租户而言抽象且可替换，支持弹性扩展，确保业务增长时资源能灵活调整，服务不中断。会计云计算不仅降低了企业会计信息化成本，满足了个性化需求，还促进了远程办公与移动管理的实现，极大

地提升了企业会计工作的效率。

（二）会计云计算在会计信息化中的优势

会计云计算成为会计信息化建设的优选方案，其规模效应显著降低了基础设施投资，按需付费模式进一步减轻了企业负担。同时，云计算平台强大的互联与弹性部署能力，支持企业向服务导向型转变，实现信息系统的个性化定制与会计准则的即时跟进。此外，云计算打破了地理与时间限制，使核心财务数据便于查阅，异地办公变得轻松高效，促进了会计信息化的深度应用与实时管理。

（三）大数据与云计算融合下的会计信息化的新优势

大数据与云计算的融合为会计信息化带来了前所未有的变革。首先，通过租用服务商资源，企业避免了巨额 IT 投资，按需付费模式降低了运营成本，专业团队维护确保了系统的高性能与可靠性。其次，专业团队的支持提升了会计信息化专业水平，使企业能快速获得针对性的业务管理解决方案，管理者实时掌握财务状况，风险识别与控制能力显著增强。再者，云端存储与专业数据中心保障了数据管理的可靠性，分布式存储技术有效防范了数据丢失风险。最后，大数据与云计算的强大计算能力加速了经济交易处理，实时生成报表与指标，助力企业高效决策。同时，企业与外部机构的财务往来也得以通过互联网实时处理，交易速度加快，工作效率显著提升。此外，业务流程外包成为可能，进一步优化了资源配置，提高了工作效率。

三、大数据与云计算对会计信息化的挑战

（一）深化数据安全与隐私保护的挑战

在云计算环境下，数据的安全与隐私保护成了亟待解决的核心议题。由于数据通过互联网传输并存储在云端，其面临的潜在威胁也随之增加。黑客攻击、数据泄露、非法访问等问题时刻威胁着用户数据的完整性与机密性。因此，建立全方位、多层次的安全防护体系显得尤为关键。这包括但不限于采用先进的加密技术确保数据传输过程中的安全，实施严格的访问控制策略防止未经授权的访问，以及建立数据备份与恢复机制，以应对潜在的数据丢失风险。此外，随着法律法规对数据安全与隐私保护要求的不断提升，云计算服务提供商还需持续跟进国际国内的最新标准，确保服务合规性，增强用户信任。

（二）构建统一信息系统平台与突破技术瓶颈的挑战

为了实现信息的高效共享与业务链的顺畅连接，构建一个包含客户、供应商及合作伙伴在内的统一信息系统平台显得至关重要。然而，这一过程中面临着信息基础设施薄弱、宽带速度不足、缺乏成熟开放平台及关键技术瓶颈等挑战。政府需发挥统筹协调作用，合理规划云计算数据中心建设，避免资源浪费与重复投资。同时，加大对大数据处理、大规模 IT 资源管理等关键技术的研发投入力度，推动技术创新与应用落地。此外，随着硬件更新换代的加速，云计算数据中心的建设还需考虑可持续发展策

略，确保长期效益最大化。

（三）推动企业财务体系转型与价值创造的挑战

大数据时代下，企业财务体系正经历从管理型向价值型的深刻转型。这一转型要求财务系统及资产管理部门不仅要提升企业绩效管理能力与风险管理水平，还要通过整合关键信息，实现利润增长与投资回报的最大化。云计算的应用为此提供了强有力的技术支持，它使得新的财务管理方式能够快速集成并部署于云端，实现财务管理的远程化、实时化与智能化。在这一转型过程中，财务人员的工作重心将从传统的账务处理转向价值管理与价值创造。他们需利用数据仓库、数据挖掘等先进技术，深入挖掘财务数据背后的价值信息，为企业管理层提供更具前瞻性与洞察力的决策支持。同时，随着企业信息化进程的深入，原有的财务管理体系需按照信息系统的架构方式进行优化与重构，以支撑价值型财务体系的运作。在此过程中，云计算、大数据与共享中心等将成为推动财务体系转型与价值创造的重要技术引擎。

四、在会计信息化中推进大数据和云计算有效应用的对策

（一）构建全方位的安全防护体系

为确保大数据和云计算环境下企业会计信息的绝对安全，企业需构建一套全方位、立体化的安全防护体系。这包括但不限于实施严格的内部操作规范与账号密码管理制度，明确权限划分，强化访问控制；部署高级防火墙于企业内外网络接口，有效抵御网络黑客与计算机病毒的侵袭；采用先进的密钥管理技术对数据进行加密处理，确保密钥由企业自主掌控，增强数据在传输与存储过程中的安全性；利用虚拟机技术构建虚拟化安全网关，对潜在的黑客入侵与恶意软件进行实时监测与防御；实施数据存储与处理的物理隔离策略，确保敏感数据的操作行为可追溯，通过设置详尽的日志控制机制，记录每一次数据接触与操作详情。此外，引入第三方安全服务提供商，实现应用服务与安全服务的分离管理，为数据安全提供多重保障。

（二）深化4A系统在云环境中的集成与应用

4A系统（认证 Authentication、授权 Authorization、账号 Account、审计 Audit）作为云安全的关键组成部分，其集成与应用对于提升云环境的安全管理水平具有重要意义。通过4A系统，企业可实现对各应用系统用户登录、权限、角色及职责的集中管理，实现单点登录功能，简化用户操作流程，提高系统使用效率。同时，审计系统能够在不干扰业务系统运行的前提下，隐蔽监视用户行为，对敏感数据访问进行即时警示与阻断，确保事后安全事件的可追溯性。未来，我们应进一步探索4A系统与大数据、云计算技术的深度融合，构建更加智能、高效的安全审计与监控体系。

（三）推动企业资源计划、商业智能与大数据、云计算的深度融合

为实现企业信息流、物流、资金流的全面协同，企业需打破传统会计系统的局限，将企业资源计划（ERP）系统与财务系统深度集成，构建基于云计算的ERP平台。这

一平台将整合企业各业务环节的数据资源，提供实时、全面的经营信息，为企业决策提供有力支撑。同时，将大数据与云计算技术融入商业智能（BI）系统，构建智能财务数据仓库，利用在线分析处理、数据挖掘等技术，深入挖掘数据价值，实现多维度、直观化的决策分析。ERP 与 BI 的深度融合，将为企业带来更加精准、高效的决策支持，推动企业向智能化、精细化管理转型。

（四）提供高度个性化的在线定制服务

针对不同企业的需求，大数据与云计算技术应提供高度个性化的在线定制服务。对于中小企业而言，应去除冗余功能模块，降低系统复杂度；对于大型集团式企业而言，则应根据各区域、各业务线的特点提供灵活的自定义功能。通过在线定制服务，企业可根据自身需求灵活调整系统配置，实现业务流程与数据格式的个性化设置，提高系统使用效率与满意度。

（五）完善法律法规与行业标准

随着大数据与云计算技术在会计信息化领域的广泛应用，完善相关法律法规与行业标准显得尤为迫切。国家相关部门应加快制定在线定制化服务的行业标准与应用规范，明确数据安全、隐私保护等方面的具体要求，增强企业对大数据与云计算技术的信任度与认同感。同时，我们鼓励会计从业人员、技术人员及社会各界共同参与标准制定工作，推动技术创新与应用实践的深度融合，为企业信息化转型提供坚实的法律与制度保障。

（六）展望会计职能的外包趋势

随着技术的不断进步与市场的日益成熟，未来会计职能可能会像 IT 技术一样，逐渐外包给专业化的公司运行。企业可将财务流程切割成多个模块，根据业务需求选择性外包给会计师事务所、财务公司等处理。这种模式不仅能有效精简企业内部人员配置，提高运营效率，还能借助外部专业机构的专业优势，提升财务管理的精准度与规范性。这一趋势将为企业带来更加灵活、高效的财务管理解决方案，推动企业会计信息化向更高水平发展。

第八章

大数据背景下会计信息化的创新发展

第一节　大数据技术对财政预算的影响

一、大数据时代的业财融合

（一）大数据时代实行业财融合的重要意义

在大数据时代，随着企业转型步伐的加快，财务管理面临着前所未有的挑战与机遇。业财融合作为提升企业综合竞争力的关键策略，正逐步成为企业管理的核心议题。以下是业财融合对企业财务管理带来的深远影响及其实施要点：

1. 强化数据精准度，奠定决策基石

业财融合要求财务管理人员跳出传统框架，深入业务一线，通过直接参与和了解业务运作，我们可确保收集的财务与业务数据既全面又精准。这一转变不仅提升了数据的可靠性，还为后续的数据分析奠定了坚实基础。借助先进的信息系统，这些高质量数据得以高效整合，为企业决策提供强有力的数据支撑，显著增强了决策的科学性与精准度。

2. 促进决策智能化，引领战略方向

在业财融合模式下，财务管理人员利用大数据分析工具对财务与业务数据进行深度挖掘与分析，揭示数据背后的价值规律与业务趋势。这一过程不仅提升了数据的利用价值，还使管理层能够基于实时、全面的数据洞察，做出更加明智的战略决策。这种智能化的决策机制，有助于企业精准把握市场脉搏，灵活应对市场变化，引领企业向更高层次发展。

3. 优化管理体系，实现流程再造

业财融合促进了业务与财务部门之间的紧密合作与深入交流。通过跨部门协作，双方能够及时发现并纠正工作中的不足，共同推动管理制度与工作流程的持续优化。这种互动不仅增强了团队间的默契与协作能力，还促进了企业管理体系的不断完善与创新，为企业的长期发展奠定了坚实的制度基础。

4. 加速信息化进程，驱动数字化转型

大数据、云计算等新技术与业财融合的深度融合，推动了企业的信息化建设与数字化转型。通过构建统一的信息管理平台，企业能够实现财务与业务数据的无缝对接与实时共享，为管理层提供全方位、多维度的数据视图。这种高度信息化的管理模式不仅提升了企业内部管理效率与透明度，还为企业应对复杂多变的市场环境提供了强大的技术支持与保障。随着数字化转型的深入，企业将更加注重数据驱动决策，不断提升自身竞争力与创新能力。

（二）大数据时代企业加强业财融合的对策

1. 加强业财的关联性

强化企业业财关联，深化业财融合质量，需从多维度综合施策，确保两者间的无缝对接与高效协同。以下是具体策略的优化与扩展：

（1）构建高效沟通机制

我们应紧跟时代步伐，利用现代信息技术搭建跨部门沟通平台，如企业内部社交网络、项目管理软件等，确保财务管理人员能实时嵌入业务活动，与业务人员即时交流，形成信息共享、问题共解的紧密合作模式。同时，我们应明确业务活动信息记录标准，确保财务数据的源头准确与完整，促进业务与财务工作的无缝对接与高效协同。

（2）统一战略愿景，细化目标分解

我们应结合企业实际情况，确立清晰、可量化的业财融合管理目标，并将其层层分解至各层级、各部门，确保每位员工都能明确自己在业财融合中的角色与责任。通过统一的战略目标引导，增强业务与财务部门之间的目标共识，提升沟通效率与合作默契，为业财融合奠定坚实基础。

（3）培育融合文化，激发内在动力

我们应围绕大数据时代的发展需求，加速企业文化创新，构建以业财融合为核心的新型企业文化。通过宣传、培训等方式，增强员工对业财融合重要性的认识，激发其参与热情，营造开放、包容、协作的工作氛围，鼓励跨部门交流与合作，员工在共同理念的引领下，主动寻求业务与财务的最佳结合点，共同推动企业发展。

（4）优化内部治理，创新管理体系

针对大数据时代的新要求，企业应持续优化内部治理环境，创新监督评价与绩效考核体系。通过引入大数据分析工具，实时监测业财融合进展，及时发现并解决潜在问题。同时，我们应将业财融合成效纳入绩效考核指标，激励员工积极参与并贡献于业财融合工作。此外，我们应注重外部环境因素的变化，灵活调整业财融合策略，确保企业始终处于良性发展的轨道上。

（5）实现全面渗透，形成发展闭环

我们应将业财融合理念贯穿于企业各项活动中，从战略规划、日常运营到绩效评价，形成全方位、全过程的业财融合体系。通过持续优化业务流程、提升数据质量、加强风险防控等措施，确保业财融合工作的深入实施与持续改进，最终实现业务与财务的深度融合与相互促进，推动企业整体绩效的显著提升与可持续发展。

2. 实现财务信息化核算

提升企业财务信息化核算质量，作为推动业财融合的关键环节，其重要性不言而喻。以下是对该策略的深度优化与拓展：

（1）强化财务管理人员的信息化技能水平

企业需加大对财务管理人员信息化技能水平的培训力度，不仅限于基本软件操作，更应涵盖数据分析、数据挖掘等，使其能够高效、准确运用信息化技术进行财务核算。通过定期举办培训班、工作坊，以及引入外部专家指导等方式，持续提升财务管理团队的专业素养与实战能力，确保财务核算工作的高效运行。

（2）构建高效、安全的原始数据库系统

在大数据时代，企业应迅速响应，构建集数据存储、处理、分析于一体的原始数据库系统。该系统需严格按照数据治理标准设计，确保财务数据的规范记录与高效分类。同时，企业应加强数据安全防护措施，采用加密技术、访问控制等手段，保障数据在传输、存储过程中的安全性与完整性。通过优化数据库管理流程，提升数据处理效率与质量，为业财融合提供坚实的数据基础。

（3）深化数据应用，助力战略决策

企业应充分利用大数据技术的优势，对原始数据库中的海量信息进行深度挖掘与分析，提炼出有价值的市场趋势、业务洞察等，为企业战略决策提供科学依据。通过构建数据可视化平台，将复杂的数据分析结果以直观、易懂的形式呈现给管理层，助力其把握市场机遇，规避潜在风险。

（4）拓展数据载体形式，提升信息兼容性

在财务数据的收集与存储过程中，企业应注重数据形式的多样性，不仅限于传统的文本数据，还应积极拓展图像、音频、视频等非结构化数据形式的信息存储功能。通过采用先进的数据处理技术，实现对这些非结构化数据的有效整合与分析，进一步提升财务数据的完整性与可靠性。这种全面的数据记录方式有助于业财融合过程中，相关人员更全面了解业务情况，提高决策的全面性与精准度。

（5）持续优化财务信息化流程

企业应持续关注财务信息化流程的优化工作，通过引入先进的流程管理工具与方法，实现财务流程的自动化与智能化。同时，企业应建立反馈机制，及时收集并分析流程执行过程中的问题与不足，持续改进流程设计，确保财务信息化工作的高效运行与持续改进。

3. 建立信息化管理平台

构建高质量的企业信息化管理平台，对于加速业财融合进程、提升企业整体运营效率具有至关重要的作用。以下是从多维度优化信息化管理平台建设的策略：

（1）构建多层次信息公示体系

设计并实施一个分层的信息公布平台，确保企业内各层级、各部门能够便捷访问与其职责相关的数据信息。这一平台应集成先进的数据分类与检索功能，使各部门在推进业财融合项目时，能迅速定位并获取所需数据，促进信息流通的高效与透明。同时，企业应利用互联网与大数据技术，增强平台的信息处理与响应速度，确保业务与财务数据的即时性与准确性。

（2）建立在线数据监控与质量管理机制

构建网上数据监督工作平台，实现对数据质量的实时监控与反馈。鼓励各部门人员秉持诚信原则，及时、准确录入与上报数据，减少人为错误与延误。平台应集成智能数据分析工具，对汇总后的数据进行深度加工与挖掘，为管理层提供全面、深入的洞察报告，助力企业实时掌握运营状况。此外，通过统一业务编码与自动化数据生成流程，确保财务数据的准确性与一致性，为业财融合提供坚实的数据基础。

（3）强化信息共享与协同机制

信息化管理平台的核心价值在于打破"信息孤岛"现象，促进跨部门信息共享与协同作业。通过平台的建设与优化，确保企业内部各系统、各流程间的无缝对接，实现数据资源的最大化利用。这不仅有助于提升决策的科学性与效率，还能优化资源配置，减少重复劳动与资源浪费。在此基础上，企业可灵活应对市场变化，抓住机遇，规避风险，推动持续健康发展。

（4）注重平台的安全性与可扩展性

在构建信息化管理平台时，企业必须高度重视数据安全性，采取加密、访问控制等安全措施，确保数据在传输与存储过程中的保密性、完整性与可用性。同时，企业应考虑到企业未来的发展需求，平台设计应具备高度的可扩展性，能够轻松应对业务增长与技术升级带来的挑战。

（5）持续优化与迭代

信息化管理平台的建设不是一蹴而就的，而是一个持续优化的过程。企业应建立常态化的评估与反馈机制，定期收集用户意见与建议，对平台功能、性能进行持续改进。同时，企业应关注行业动态与技术创新，及时引入新技术、新方法，确保平台始终保持在行业前沿，为企业业财融合与数字化转型提供强大支撑。

4. 加强人才培养

财务管理人员的职业素养与业务能力是业财融合成功的关键。企业需强化培训机制，深化财务管理人员对业财融合基础知识的理解，确保他们熟悉业务需求，可灵活调整工作模式，促进业务与财务部门的紧密协作，共同收集高质量数据，为业财融合提供宝贵信息。必要时，企业应邀请业界专家进行指导，提升团队综合素养，紧跟时代步伐，实现业财融合的创新突破。

业财融合是一项系统工程，企业管理层应给予高度重视，摒弃旧有管理观念，营造全员参与的文化氛围。利用信息平台促进部门间深度沟通与信息共享，整合优化资源，加速业财融合进程，助力企业快速达成战略目标。通过这一系列举措，企业能够有效推进业财融合，提升整体运营效率与竞争力。

二、大数据在财政预算管理中的运用

（一）财政预算管理的内容

1. 财政预算概述

财政预算作为政府核心的政治与经济管理工具，深刻体现了其多重维度与深远影响。从本质上看，财政预算是政府利用税收、利润、债务、费用等手段筹集资金，旨在双重目标：一是为社会公众提供必要的公共产品与服务，满足民众需求；二是确保国家机器的正常运作，维护社会稳定与发展。

在广义上，财政预算涵盖了预算编制、执行、调整直至决算的完整周期，是一个动态且持续的过程。而在狭义上，它特指经人民代表大会审议通过的年度财政收支计划报告，是政府对未来一年财政活动的规划。

财政预算的内涵丰富，具体体现在以下几方面：

形式与结构：财政预算以年度财政收支计划的形式展现，精细的经济功能分类科目表可对政府年度财政收支的规模、结构及预测进行系统化呈现，清晰勾勒出资金的来源与用途，反映了政府的财政管理框架。

法律效力：财政预算不仅仅是计划，更是具有法律约束力的文件。这一特性确保了预算执行的严肃性与规范性，任何预算调整均需遵循法定程序，体现了法治精神在财政管理中的应用。

内容实质：财政预算详细记录了政府财政资源的集中分配过程，包括一般财政收入、基本支出、项目支出等，直观展示了政府财政活动的全貌，揭示了政府的财政责任与职能边界，是公众监督政府财政行为的重要依据。

决策机制：财政预算作为公共决策的重要组成部分，其管理过程涉及预算编制、人大审批、执行监控、调整审批、决算审计及信息公开等环节，构建了一个公开透明、多方参与的决策框架，确保了财政活动能够充分响应社会公众的需求与期望，体现了民主治理的原则。

财政预算不仅是政府财政管理的核心工具，更是连接政府与公众、促进经济发展与社会公平的重要桥梁。

2. 财政预算编制

财政预算编制作为政府全年资金分配的核心环节，分为宏观综合预算与微观部门预算两大维度。综合预算统揽全局，整合政府所有收支，全面映射本级政府财政活动的全貌，为决策层提供详尽的数据支撑。而部门预算细化至各部门层面，遵循法律法规与部门职能需求，自下而上逐级编制、审核、汇总，最终形成涵盖基本支出、项目支出及三公经费等的年度计划，实现了精细化管理。

财政预算编制作为预算管理流程的起点，要求紧密结合地区经济社会发展实际，科学评估未来财政年度的可用财力与资金投放方向，运用专业方法精准预测全年财政收支。预算编制成果经财政部门精心筹备后，提交同级人大审议批准，确保预算的合法性与权威性。人大审批预算，不仅关注预算草案的真实性与收支合理性，还积极行使质询权，要求相关部门对预算细节做出解释，强化了预算监督力度。

新《中华人民共和国预算法》的亮点在于推动部门预算公开，此举极大提升了财政预算的透明度，鼓励社会各界广泛参与预算资金使用的监督，共同促进财政资源的合理配置与高效使用。

3. 财政预算执行

财政预算执行是将经法定程序批准的预算计划转化为实际行动的关键阶段，是预算管理循环中至关重要的一环。其核心在于确保预算目标的高效、精准达成，同时维护财政资金的安全与合规使用。这一过程的顺利实施，不仅依赖于健全的预算管理制度，还需平衡各方利益、强化监督力度、提升工作人员能力等方面的综合努力。

政府预算执行活动主要包括预算收入的积极筹措、预算支出的合理安排，以及根据实际需要进行的预算调整。为确保预算执行的公正透明，全国人民代表大会及其常务委员会承担着对预决算进行严密监督的职责，财政部门则代表政府向人大报告预算执行状况，而审计部门依法独立开展预算执行与决算的审计监督工作，形成了多层次、全方位的监督体系。

为进一步提升预算执行效率与质量，我国近年来构建了一系列创新制度框架，包括国库集中收付制度、公务卡制度、财政动态监控系统、政府采购规范化体系，以及现金管理优化措施等。这些制度相互衔接、协同作用，不仅增强了财政资金的流动性与安全性，还有效促进了财政政策的精准落地与财政管理水平的持续提升。通过这一系列制度安排，我国财政预算执行体系更加完善，为国家的经济社会发展提供了坚实的财政保障。

4. 财政预算评价

财政预算评价实施是预算管理流程的核心环节，旨在通过科学、公正的指标体系对预算支出的经济性、效率性和效益性进行全面评估。这一过程涵盖前期准备、具体实施及报告撰写与提交三个阶段，确保评价工作的系统性与完整性。

在财政预算评价中，财政部门扮演关键角色，负责统筹指导本级及下级预算部门的评价工作，必要时直接实施评价，并提出改进建议以促进管理优化。预算部门则具体负责本部门内的评价活动，向财政部门反馈报告，并根据评价结果调整预算支出策略。

评价对象广泛，覆盖所有财政性资金，包括政府预算管理的公共财政、政府性基金、国有资本经营、社会保障预算资金，以及部门预算管理的财政资金与自有资金。按预算级次分，涉及本级部门预算与上下级政府间的转移支付资金，进一步细化为部门预算支出与转移支付评价。

评价内容全面深入，重点考察以下几方面：

目标设定：项目立项合理性、预期产出与效果、成本效益分析等。

资金投入与使用：资金规模、用途、进度、财务管理、资产配置使用效益等。

实施措施：制度建设、组织协调、资源配置、物质保障等执行机制。

绩效实现：公共产品与服务质量、时效、成本，经济、社会、生态效益，持续影响力及公众满意度。

其他相关评价内容，确保评价的全面性与针对性。

通过这一系列细致入微的评价活动，财政预算评价不仅促进了财政资金的合理高效使用，还为预算管理提供了宝贵的反馈与指导，是推动政府治理现代化、提升公共服务质量的重要工具。

（二）财政预算管理的理论基础

1. 委托代理理论

在财政预算的复杂体系中，多层委托代理关系构成了其核心架构，这些关系不仅跨越了公众与政府之间的界限，还深入渗透至政府内部各层级及部门。这种多层次结构虽确保了公共事务的有效管理，但也伴随着委托代理链条延长所带来的挑战。

首先，公众作为初始委托人，将公共事务的管理权授予政府，这一过程中权利的部分让渡要求政府承担提供高质量公共服务的责任。然而，随着委托代理链条的逐级延伸，每一层级的代理人都可能因信息不对称、利益不一致等问题而产生道德风险，进而诱发机会主义行为。

在中央政府与地方政府的特定关系中，委托代理理论尤为适用。中央政府通过转移支付机制与地方政府建立契约，旨在引导地方公共服务的发展方向。然而，地方政府因掌握地方信息的优势地位，可能出于局部利益考虑而偏离中央政策导向，导致预算分配与执行偏离政策初衷，形成预算与政策之间的脱节现象。

为应对这一挑战，需强化监督与激励机制，确保委托代理链条中各环节的透明度与责任感。一方面，中央政府应加强对地方政府的监督，利用现代技术手段提升信息获取能力，减少信息不对称的情况出现；另一方面，中央政府应优化转移支付制度设计，将地方政府的绩效与转移支付资金挂钩，激励其遵循中央政策导向，提升公共服务质量。同时，中央政府应建立健全的问责机制，对违规行为实施严厉惩处，维护委托代理关系的健康运行。这些措施可以有效缓解多层委托代理关系中的道德风险问题，推动财政预算过程更加高效、公正。

2. 公共财政理论

公共财政作为市场机制的补充与矫正力量，其核心在于提供公共服务、优化资源配置、维护经济稳定，并有效应对市场失效。从公共财政理论视角审视政府预算行为，其重要性不言而喻，主要体现在三大职能的发挥上：

资源配置的再平衡：市场机制虽能高效配置资源，但在市场失灵时，如贫富差距扩大、资源错配等，政府需通过预算手段进行干预，重新分配社会资源，维护市场秩序与公平正义。这一过程不仅纠正市场偏差，还促进社会和谐与可持续发展。

公共产品与服务的供给：公共财政致力于提供非竞争性的公共产品和服务，满足社会共同需求。这一过程强调财政资金的透明使用与公众监督，确保每位纳税人的权利得到尊重与保障。政府作为受托人，有责任高效、公正运用财政资金，实现财权与责任的统一。

经济稳定与发展的促进：政府通过预算政策来平衡经济活动的各个方面，如生产与消费、投资与储蓄，同时调整产业结构，鼓励劳动密集型产业与服务业发展，创造更多就业机会，稳定物价水平。这些措施共同作用于经济体系，促进经济的平稳、健康增长。

为实现上述职能，一个良好的财政预算治理体系至关重要。它要求预算不仅科学、可靠、可问责，还需精细、规范、可追溯，确保政府能够主动、及时、全面掌控预算执行的每一环节。通过规范预算管理办法，提升预算管理的科学性，政府能够有效管理公共收支，最大化公共财政效益，这是服务型政府建设的内在要求，也是公共财政管理职能的集中体现。因此，推动财政预算精准化，不仅是技术层面的革新，更是治理理念与模式的深刻变革。

三、运用大数据实施财政预算的必要性与可行性分析

（一）运用大数据实施财政预算的必要性分析

大数据技术在财政预算管理中的应用，深刻重塑了预算编制、执行与监督的全过程，显著提升了财政管理的效率与透明度。

首先，大数据缩短了预算编制周期，提高了时效性。通过云会计平台，财政预算编制实现了上下结合的高效互动，预算目标与方法得以迅速传达与收集，促进了数据的广泛汇聚与分析。这一过程不仅加速了预算编制流程，还确保了各部门间信息的无缝对接，避免了“信息孤岛”现象，促进了预算、绩效与战略的一体化设计，全方位提升了预算编制的科学性与精准度。

其次，大数据优化了预算执行与资源配置。精确的预算计划为财政活动提供了清晰指导，按重要程度排序的支出规划确保了资源的有效配置。通过实时监控预算执行情况，财政部门能及时调整策略，确保收支平衡，提高资金使用效率，为政府部门的行政职能履行提供了坚实的物质基础。

再次，大数据强化了预算监管力度，提升了执行效率。面对预算编制中的随意性与违规行为，大数据技术提供了细化预算项目、透明资金流向的解决方案，便于人大与公众实施有效监督。这不仅促进了政府部门的廉洁行政与依法理财，还推动了社会主义公共财政框架的构建。

最后，大数据引领了预算监督理念的全面升级。它打破了预算管理流程中的时空界限，促进了管理流程的扁平化与职能环节的归并，缩短了业务流程链条。大数据还能实现对预算管理全链条风险的全面审视与预警，为绩效预算提供有力支持，拓展了预算监督的广度与深度。以国库集中支付为例，大数据技术的应用简化了支付流程，降低了风险与交易成本，实现了预算决策、执行与监督的一体化融合，为财政管理的持续优化与动态调整奠定了坚实基础。

（二）运用大数据实施财政预算的可行性分析

财政预算大数据管理中心的建设既具必要性，又具可行性，其优势显著，主要体现在数据资源与经验积累两大方面。

数据资源方面，财政预算大数据建设拥有得天独厚的条件。这得益于“金财工程”的多年深耕，财政信息系统已相当成熟，为大数据中心的建设奠定了坚实基础。财政部门直接掌握着高度完整且准确的数据资源，这不仅降低了数据采集与获取的难度，也有效控制了数据库建设的成本。相较于其他部门，财政部门在数据获取上的便利性不言而喻，为其在大数据领域的探索提供了有力支撑。

经验积累方面，财政部门在大数据应用领域的局部试点成效显著，为预算大数据管理中心的全面推广积累了宝贵经验。以 PPP 综合服务平台为例，财政部通过该平台实现了对全国 PPP 项目全生命周期信息的全面覆盖与实时追踪，有效提升了项目管理的透明度与效率。这一实践不仅验证了大数据技术在财政预算领域的巨大潜力，也为预算大数据管理中心的建设提供了可借鉴的模式与路径，增强了其可行性与可操作性。

第二节 云计算环境下的中小企业会计信息化模式

一、中小企业应用云会计的必要性分析

（一）经济方面

对于中小企业而言，资金短缺是制约其会计信息化发展的核心。面对融资难、市场竞争激烈、生存压力大及生命周期短等挑战，传统会计信息化模式的高额长期规划与持续资金投入，往往让中小企业望而却步，导致信息化进程受阻甚至夭折。云会计的兴起，则为中小企业会计信息化开辟了新路径，极大降低了经济门槛。通过云会计，企业仅需支付低廉的软件租用费，即可享受由服务提供商统一负责的软硬件部署、维护升级等全方位服务，数据存储于云端，既安全又便捷。中小企业只需配备基本的办公电脑和网络设备，便能在线操作会计软件，高效处理账务。因此，从经济成本效益考量，云会计无疑是中小企业实现会计信息化的理想之选。

（二）技术方面

随着云计算技术的蓬勃发展，云会计市场日益活跃，各大服务商针对中小企业特性，推出了以会计核算为核心，兼具高度通用性、简易操作界面及灵活功能组合的产品，充分满足企业多样化需求。这些产品历经市场检验，成熟度与用户体验俱佳。云会计模式不仅省去了中小企业自行部署、维护会计信息系统的烦琐 IT 工作，还通过全面培训与技术支持，降低了技术门槛，使非 IT 专业的企业也能轻松上手。其互联网特性更实现了与外部服务机构的无缝对接，可便捷完成税务、交易、审计等流程，远超传统会计信息系统。

关于安全性顾虑，虽然云计算初期面临质疑，但现实证明，云服务商为树立市场信誉，往往采用高于传统数据中心的安全标准。对于中小企业而言，缺乏专业 IT 运维团队是一大不足，而云会计的高安全标准正好弥补了这一不足。因此，选择云会计服

务时，企业应重点考察服务商的安全合规性，确保数据无忧。综上所述，从技术视角出发，云会计以其高效便捷、安全可靠的优势，成为中小企业会计信息化的优选。

二、基于云计算的中小企业会计信息化模式构建策略

（一）基于云计算的中小企业会计信息化模式选择方案

1. 基于云计算的中小企业如何选择会计信息化构建模式

云计算系统的三层服务架构为中小企业会计信息化建设提供了多样化的选择，具体模式包括：

软件即服务（SaaS）：SaaS 模式专为中小企业量身打造，有效解决了其资金与资源有限的问题。通过租赁云计算平台上的会计信息化应用（如会计核算、固定资产管理、报表生成等模块），中小企业无须承担高昂的软件许可费用及软硬件部署维护成本。SaaS 模式将传统的一次性软件购买转变为长期的按需租用服务，使得企业管理者能够实时访问最新财务数据，促进内外部沟通与决策效率，显著提升资金利用与管理水平，是中小企业会计信息化建设的理想之选。

平台即服务（PaaS）：作为 SaaS 的扩展与深化，PaaS 模式更侧重于满足中小企业的个性化需求。不同于 SaaS 提供的标准化应用，PaaS 允许企业用户深度参与财务系统开发过程，与技术专家合作，根据自身业务流程定制财务系统。服务商提供服务器、开发平台及工具，用户利用这些资源构建贴合企业实际的财务解决方案。这种模式大大缩短了开发周期，提高了 IT 投资回报率，且随着企业需求的变化，系统能够灵活调整，确保长期适应性与发展性。

基础设施即服务（IaaS）：针对中小企业在会计信息化建设初期面临的基础设施投资难题，IaaS 模式提供了成本效益高的解决方案。通过租赁服务商提供的虚拟化计算资源、存储和网络服务，企业无须自行购置昂贵的服务器和存储设备，避免了高额初期投入及长期维护成本。企业可根据实际需求灵活调整资源使用量，特别是在业务高峰期通过租赁额外资源来应对，实现 IT 资源的动态平衡与高效利用。IaaS 模式不仅降低了基础设施投资门槛，还促进了资源的优化配置，是中小企业实现会计信息化跨越发展的重要助力。

2. 云计算会计信息化与传统会计信息化的对比分析

（1）SaaS 模式与传统模式会计信息系统的对比分析

基于 SaaS 模式的在线财务应用软件相较于传统财务会计软件，在投入成本与数据协同方面展现显著优势：

首先，从投入成本角度考量，SaaS 模式大幅降低了企业的初始与后续支出。传统软件需企业一次性购买并承担软硬件的安装、运营、维护及升级费用，对现金流造成较大压力。而 SaaS 模式下，企业仅需通过网络端口访问云端服务器上的财务软件，按实际需求租用软件并支付租金，有效缓解了现金流波动的压力。后续使用中，SaaS 服务商负责软件运营维护与在线升级，无须企业雇佣专职 IT 人员，节省了 IT 支出，确保企业始终享有最新的应用技术，满足财务管理需求。

其次，在数据协同方面，SaaS 模式打破了传统会计信息化下的时空限制。传统软件局限于办公室设备终端，不利于跨地域办公。而云计算会计信息化系统允许会计人员随时随地通过互联网访问，实现了财务数据的实时共享与协同办公。这种灵活性不仅提升了工作效率，还为企业管理人员提供了即时的决策支持，促进了企业内部沟通与协作的深化。

（2）PaaS 模式与传统模式会计信息系统的对比分析

在传统财务软件开发模式下，开发人员需自行购置硬件设施并搭建运营环境，成本高昂且耗时。从开发到软件正式投入使用的周期长达数月，期间还需承担试运行费用。相较之下，PaaS 模式显著优化了这一过程：开发人员专注于程序开发与测试，无须分心于硬件与运营环境的配置，PaaS 平台提供了丰富的语言支持、基础架构定制选项，加速了开发进程并降低了成本。通过 PaaS，开发人员能以较低成本快速验证软件性能，提高开发效率。

对于中小企业用户而言，PaaS 模式带来的不仅仅是开发与运维的变革，更是企业组织架构与运营模式的革新。它促使企业灵活适应市场变化，优化资源配置，提升竞争力。在 PaaS 的支持下，企业能够更专注于核心业务的发展，实现可持续增长。

（3）laaS 模式与传统模式会计信息系统的对比分析

采用 IaaS 模式，中小企业在会计信息化建设上可显著节省前期硬件投入，通过租赁服务商的硬件设备，即使是轻资产运营，也能享受高质量服务，获取所需计算能力与存储能力，优化资产运营。此外，IaaS 赋予会计信息化高度的硬件弹性，能根据软件需求灵活调配资源，定制化构建运行环境。更重要的是，IaaS 服务商提供专业后期维护，技术团队即时响应升级需求，可确保服务器与存储器的持续优化，彻底解除企业在硬件运维上的负担，让中小企业专注于核心业务发展。

3. 中小企业选择云计算架构服务的关键点

中小企业在实施基于云计算的会计信息化模式时，应遵循以下关键步骤：

精选云服务提供商：企业应深入评估自身会计信息化现状，明确提升路径，并预估新系统对流程与人员的影响。随后，细致考察云服务商的实力、资质与信誉，研究其产品与方案对企业财务改革的潜在效益，参考成功案例，综合考量后做出租用决策。利用云服务的免费试用期，企业可低成本体验服务价值，对比评估现有系统与云服务的效果差异。

签订明确的服务级别协议：为确保成功，双方应签订正式合同，清晰界定服务内容、费用、数据存储、违约责任等条款。合同中应包含服务商对会计流程改造效果的承诺及评估方法，明确未达到预期效果的赔偿机制。

个性化定制与培训：基于企业财务环境与行业特性，云服务商需提供个性化定制服务，涵盖 laaS、PaaS、SaaS 三种模式。同时，云服务商应为客户提供专业培训，确保财务人员熟练掌握系统操作，高效利用资源。

持续拓展与完善：随着企业内外部环境的变化，云服务需灵活应对会计处理的新要求，进行横向拓展与纵向深化。服务商应保持与客户的紧密沟通，及时升级系统，满足企业动态需求。

优质售后服务：资源交付时，应配备专业实施顾问，快速响应企业使用中的问题，持续优化服务体验，巩固长期合作关系。

总之，云计算平台凭借虚拟化技术，为中小企业提供了强大的计算与数据处理能力。在云平台上，多操作系统可独立并行，资源抽象化运行，提升计算机利用效率，降低基础设施投资。低成本是云计算推广的关键，借鉴国际成功案例，结合先进 IT 技术，不断完善云平台建设，将有力推动中小企业会计信息化进程。

（二）基于云计算的中小企业会计信息化网络设计方案

中小企业在构建基于云计算的会计信息化模式时，面临三种网络设计方案选择：自行建网、公共互联网及虚拟专用网。自行建网虽能高度定制化并保障数据安全，但高昂的构建与维护成本使其不适用于资源有限的中小企业，更适合高带宽与安全性需求严苛的机构。公共互联网以其低成本、高速沟通与多媒体交换能力广受欢迎，然而其网络稳定性与安全性不足，限制了在传输财务核心机密数据方面的应用，更适合一般数据传输。

相比之下，虚拟专用网作为一种在公用网络基础上构建的安全隧道，通过加密技术确保数据传输的安全与稳定，成为中小企业会计信息化建设的优选方案。虚拟专用网不仅降低了企业在软硬件及网络维护上的成本投入，还通过隧道技术、加密解密技术及严格的身份验证，构筑了数据传输的坚固防线。这一方案灵活适应中小企业的发展需求，能够便捷实现远程互联与实时信息共享，加强内外部沟通与交易安全，是连接企业各节点的理想“无形纽带”。

中小企业应根据自身发展阶段与业务需求，将核心财务数据及内部共享信息置于虚拟专用网之上，同时保留公共互联网作为辅助网络选项，以平衡成本效益与数据安全，顺应未来发展趋势。

（三）基于云计算的中小企业会计信息化机制分析

1. 个性化模块机制

鉴于中小企业财务处理过程的多样性及个性化需求与其行业特性、规模、地域经济结构及信息化水平紧密相关，云计算服务在提供会计信息化解决方案时需兼顾通用性与定制化。为满足中小企业的独特需求，云服务可设计灵活的接口与算法机制，允许用户根据特定行业或地域要求，通过授权安装相应控件进行二次开发，定制专属算法与控件，而无须额外负担未使用功能的费用，从而优化资源配置，降低成本。例如，针对税率变动，企业可快速调整特定算法以适应政策变化，优化税务筹划。

对于跨境贸易企业，云服务应支持多国语言切换，并符合国际及国内会计准则，实现外币交易的高效转换与披露。此外，云服务提供商还致力于企业整体信息化提升，将会计模块与销售、进货、存货管理、生产流转等集成，形成一体化管理系统，自动对接各业务流程数据，即时生成财务报表，显著提升效率并降低成本。这一系列措施旨在平衡中小企业的个性化需求与云服务的标准化系统，实现双赢。

2. 数据存储机制

会计档案的长期保存需求（3 年至永久）强调了电子数据保管的重要性，尤其随着业务增长，数据量激增，管理复杂度加剧，本地存储面临病毒威胁、软件更新不兼容、硬件淘汰及物理损坏等风险，加之企业改制、软件服务商更换或会计政策调整时，数据的有效保存、备份、转移与更新成为确保会计核算连续性的关键挑战。当前，部分软件服务商通过数据接口不兼容策略绑定客户，进一步阻碍了数据转移。

鉴于此，将会计数据存储机制整合至云端服务中显得尤为重要。该机制应具备灵活性，遵循会计法规，允许中小企业用户自定义数据保存期限，并在期限结束后按用户意愿自动删除过期数据，同时定期优化冗余数据，确保财务数据的真实性、准确性和完整性。此外，建立统一的行业标准，推广通用数据接口，对于促进不同服务商之间的数据无缝迁移至关重要，这不仅能便利企业更换服务商，还能在服务商破产等极端情况下保障会计核算的连续性，为中小企业会计信息化之路保驾护航。

3. 安全机制

（1）访问认证设置

中小企业云端存储核心财务数据面临严峻的安全挑战，如何防止未授权访问、保障数据机密性、减少商业机密泄露成为首要任务。当前，多数软件服务商采用统一认证机制，通过内部资料库管理企业用户信息，虽增强了硬件认证层面的安全性，却受限于时空，影响数据访问便捷性。借鉴银行网上支付安全实践，服务商可为每家企业定制 CA 证书，实现双重认证，确保用户登录与权限访问的双重安全，大幅降低账号盗用与越权风险。此外，引入生物识别技术（如虹膜扫描、指纹识别等）能进一步提升安全等级，尽管初期可能增加服务费用，但随着用户规模扩大，单用户成本将逐渐降低。因此，中小企业在构建云端财务数据安全体系时，应综合考虑成本效益，选择最适合的安全机制，以平衡数据安全与运营效率。

（2）数据安全

当前，数据传输过程面临重大安全威胁，黑客可能通过网络窃取或篡改财务数据与商业信息，破坏数据完整性。因此，必须采取一系列安全措施来强化传输安全。措施包括采用数据库隔离、网络存储备份等技术，确保数据传输过程中的机密性与完整性。中小企业应进一步加密云端数据库，即便数据在传输中被截获，也无法轻易解密。同时，中小企业应开辟专用传输通道，配合动态密钥管理，仅允许正确密钥接收数据，减少信息泄露风险。服务商则需强化预防意识，实施定期数据备份策略，并在数据库主机上部署双机或多机热备系统，以应对突发事件，确保数据可恢复性，全面提升数据交互的安全防护水平。

（3）网络稳定性

为确保会计核算的连续性与高效性，网络传输的速度与质量成为关键要素。云服务商需确保服务器与数据库间的数据传输畅通无阻，避免拥堵与丢包，丢包将导致数据不完整，严重影响财务分析、修改及决策的时效性。鉴于财务数据处理的紧迫性，高速传输至关重要，以确保业务发生的即时确认、核算与披露，避免企业错失盈利良机。为此，针对中小企业重要财务数据的网络系统，建议采用双网线路架构：一条主线路负责日常运营，另一条应急线路作为备份，由不同独立运营商提供服务，以增强网络冗余与可靠性，抵御拥堵或中断风险。此外，企业应设立优先级处理机制，确保关键会计信息在网络拥堵时仍能优先传输，全面保障会计核算的流畅。

（4）商业秘密安全

面对商业机密泄露频发的严峻形势，中小企业存储在云端的核心财务数据安全成为关乎其生存与发展的重大议题。鉴于财务数据的敏感性及其对企业运营的至关重要性，中小企业必须采取更为严密的防护措施。首要任务是实施数据分级管理，将高级别数据保留在企业内部控制之下，便于即时访问，同时降低泄露风险。此外，企业应建立商业机密动态监控体系，记录所有访问日志，规范访问流程，并预设泄密事件应急响应机制，确保在风险发生时能迅速应对，减轻负面影响。

值得注意的是，云服务提供商员工的职业操守与诚信水平也是保障商业机密安全不可忽视的一环。企业应严格筛选服务商，考察其员工背景与培训机制，确保服务团队具备高度的保密意识与专业能力。通过多方努力，中小企业可以有效降低数据泄露与黑客入侵的风险，为企业的稳健发展筑起坚实的防线。

4. 会计信息披露机制

随着经济的持续增长，财务透明度与诚信问题日益凸显，会计信息披露的合理性成为社会各界关注的焦点。鉴于信息使用者的多元化需求，包括企业员工、管理层、政府机构及消费者等，对会计信息的侧重点各异，会计信息披露面临着新的挑战与机遇。网络财务报告的兴起与 XBRL 技术的应用，为会计信息披露开辟了新道路，促进了信息披露的标准化与可比性。

针对外部信息使用者对信息真实可靠性的高度关注，及时、完整、准确的会计信息披露成为关键。云服务商作为独立的第三方财务服务提供商，应肩负起监督与制衡的重任，利用 XBRL 技术等推动中小企业财务报告的标准化与可比性，压缩财务造假空间。云端数据库中心需实现会计数据的实时同步更新，并严格控制数据接口访问权限，确保信息安全与合规。

在此机制下，中小企业通过按需租赁来享受云服务商的 IT 资源，同时，云服务商需严格遵守监管要求，及时、合理披露企业会计信息。对于其他信息使用者的数据查询需求，需在获得企业及云服务商双重授权后，通过合法协议有偿获取，云服务商可与企业共享查询收益。这一机制以政府监管部门为桥梁，紧密连接云服务提供商、中小企业及信息使用者，旨在优化会计信息披露与使用流程。

重要的是，云服务商在此过程中仅作为授权查询接口的提供者，无权直接访问企业核心会计数据，除非获得企业明确授权进行财务代理服务。此机制有效解决了会计信息不对称与失真问题，确保其披露内容符合会计法律法规要求，促进了会计信息的高效流通。

第三节　物联网环境下的会计信息化建设

一、物联网与会计信息化的关系

（一）物联网的基本内涵

1. 物联网的特征与体系架构

（1）物联网的特征

与计算机技术和互联网技术相比，物联网展现出以下几个特点：

实现物与网络的深度互联：物联网的核心在于将各类“物”通过智能芯片与网络连接，这些芯片利用 RFID 等先进技术，能够实时向网络传递物体的状态信息，如位置、温度等。这种互联不仅让物体成为网络的一部分，还实现了物体状态与网络数据的动态同步，丰富了网络世界的内涵。

信息源数据与物质实体的无缝对接：物联网技术打破了传统管理模式中物品信息与实物之间的隔阂，实现了“见物知数、见数知物”的无缝衔接。物质实体的任何变化都会即时反映在其对应的信息源数据中，确保了数据的真实性和可靠性。这种高度一致性不仅提升了会计工作的效率，还为企业的资产管理提供了强有力的技术支持。

构建实时化的信息处理机制：区别于传统数据网络依赖手工录入导致的滞后性和真实性问题，物联网通过自动化数据采集与更新机制，确保了数据库中存储的信息能够紧跟物质实体的实时状态变化。这一特性不仅提升了数据处理的效率，还增强了数据的客观性和时效性，使得物质世界与数字世界之间实现了近乎实时的映射。

（2）物联网的体系架构

物联网技术体系由感知层、网络层和应用层构成，每一层都扮演着不可或缺的角色。感知层，作为物联网系统的“皮肤与五官”，负责识别物体并采集物理世界中的各类信息，如物理量、身份标识、位置、音视频数据等，通过二维码、RFID、传感器等实现基础信息采集与执行，赋予物品与外界交互的能力。网络层则扮演着“神经中枢与大脑”的角色，专注于信息的快速、安全传输与处理，确保感知层收集的数据能够远距离、大范围流通，如同人体内的信息传递机制，连接各个处理中心，以执行复杂的数据通信任务。最后，应用层作为物联网的“社会分工”，聚焦于与行业需求的深度融合，通过信息处理系统对汇总的信息进行分析决策，推动信息在各部门与行业的广泛应用，实现智能化服务与管理，促进社会生产与管理方式的深刻变革。这三个层次紧密协作，共同构建了物联网这一庞大而复杂的系统。

2. 物联网与互联网的关系

众所周知，物联网是在互联网技术和计算机技术发展的基础上建立的，有部分学者将物联网称为“互联网 +”，显然，物联网的发展同互联网密不可分，二者不可分割。

（1）物联网与互联网的联系

物联网与互联网，作为信息技术的两大重要里程碑，虽各自发展却紧密相连，共同组成信息时代的新篇章。若将信息技术的演进视为一场漫长的征途，计算机技术无疑是启程的第一站，它奠定了数字化世界的基础；随后，互联网技术作为第二阶段，将全球各地的计算机紧密相连，构建了使信息自由流通的虚拟桥梁。而物联网，作为征途上的新兴力量，则标志着信息技术向更深层次、更广泛领域的迈进，它不仅是互联网由虚拟向实体融合的必然产物，更是推动世界信息产业迈向第三次革命浪潮的关键力量。

物联网的核心在于“物”与“网”的深度融合，它利用 RFID、传感器、二维码等作为触角，遵循特定的通信协议，将物理世界中的万千物品无缝接入互联网，构建跨越虚实界限的庞大网络。在这个网络中，物品不再是孤立的存在，它们能够“开口说话”，与互联网进行实时、动态的信息交换与数据通信，从而实现智能化识别、精准定位、全程跟踪、远程监控及高效管理。这一变革不仅丰富了互联网的应用场景，更使物理世界与数字世界的界限变得模糊，开启了万物互联的新时代。

互联网的发展为物联网的兴起奠定了坚实的基础。正是互联网技术的不断成熟与普及，为物联网提供了强大的数据处理能力，使得海量物品的在线连接与实时交互成为可能。而物联网是对互联网的深度拓展与功能延伸，它通过将智能传感技术与互联网技术紧密结合，打破了传统网络架构的局限，让信息服务的触角延伸至每一个角落，无论是工业生产、城市管理还是日常生活，物联网的应用无处不在，正逐步改变着人类社会。

（2）物联网与互联网的区别

物联网与互联网在起源、面向对象、发展历程、使用者群体、创新驱动力及文化影响等方面有差异。

首先，从起源来看，互联网根植于计算机技术的飞速发展，得益于信息技术的快速传播与普及，它构建了一个跨越地理界限、促进人类交流与信息共享的虚拟平台。而物联网是在传感技术、云计算等新兴技术的基础上产生的，这些技术的突破为物联网实现物物相连、物人互动提供了可能，开启了万物智联的新纪元。

在面向对象上，互联网天生就是为人与人之间的沟通与协作而设计的，它缩短了人与人之间的距离，促进了全球文化的交流与融合。物联网则在此基础上进一步拓展，不仅连接了人与人，还实现了人与物、物与物之间的无缝通信与数据交换，这种全面的连接性重塑了人类与物理世界的互动方式，使得信息服务的边界无限延伸。

从发展过程来看，互联网的发展经历了从技术探索到广泛应用的过程，从最初的军事科研网络逐步演变为全民共享的信息高速公路。物联网则是一个更为复杂且多层次的平台构建过程，它依赖于多种芯片技术、通信协议及数据处理平台的集成应用，实现了从单一设备智能化到整个生态系统智能化的跨越。

在使用者群体方面，互联网的信息使用者主要是人类，它丰富了人类的生活与工作。物联网则打破了这一界限，将物质世界纳入信息交流的范畴，使得人与物质共同成为信息的使用者与生成者，这种交互模式促进了信息生态的多元化与动态化。

在创新驱动力上，互联网时代注重操作系统的优化与用户体验的创新，这些成为推动行业进步的核心力量。而在物联网时代，芯片技术的开发商、标准的制定者，以及平台服务的提供者成了主导者，他们通过不断的技术革新与标准统一，推动着物联网生态系统的成熟与壮大。

从文化影响来看，互联网时代是精英文化引领潮流的时代，技术创新与内容创造多由少数精英群体主导。而物联网时代更加倡导草根文化，鼓励大众参与、信息共享与实时互动，“活信息”成为时代的新标签，技术不再遥不可及，而是融入生活的每一个角落，成为推动社会进步的重要力量。总之，物联网与互联网共同推动着人类社会的信息化进程。

（二）物联网与会计信息化

1. 物联网对外部会计环境的影响

（1）物联网技术对社会生产方式的重塑

物联网的蓬勃发展，正逐步构建起一个前所未有的互联世界，其中，人与物、物与物乃至人与人之间的界限日益模糊，形成了一个错综复杂又高效运转的信息网络。这一变革深刻影响着人类社会生产方式，为企业运营、政府管理与个人生活带来了便利与效率。

在企业层面，物联网技术的应用使得生产流程高度透明化、智能化。企业管理层能够实时获取生产线上每一环节的详细信息，包括产品进度、材料消耗、设备状态等，从而迅速做出调整决策，优化资源配置，降低生产成本，提升产品质量。这种即时反馈机制不仅提高了生产效率，还加快了企业的市场响应速度，使企业在竞争激烈的市场环境中占据先机。

对于政府部门而言，物联网技术的引入为城市管理带来了革命性的变化。通过对城市基础设施的智能化改造，如智能交通系统、环境监测网络等，政府能够实现对城市运行的精准掌控与高效调度。例如，智能交通系统能够实时分析交通流量，动态调整信号灯配时，有效缓解交通拥堵问题；环境监测网络则能持续监测空气质量、水质等关键指标，为环境保护和公共卫生决策提供科学依据。

（2）物联网技术对社会生活方式的深远影响

物联网技术不仅仅是一场生产方式的革命，更是对人们生活方式的一次深刻重塑。物联网技术正以前所未有的方式融入人们的日常生活，让未来生活变得更加便捷、智能。

想象一下，未来的驾驶体验将因物联网技术而变得更加安全。车辆内置的传感器与智能系统能够实时监测驾驶员的状态及车辆运行情况，一旦发现操作失误或潜在危险，会立即发出警报，甚至自动采取避险措施，极大降低了交通事故的风险。

日常用品也将因物联网技术焕发新生。你的公文包或许能智能识别其中的物品，通过手机 APP 提醒你遗漏了哪些重要文件；衣物上嵌入的智能标签能根据面料特性与脏污程度，自动向洗衣机发送洗涤指令，包括适宜的洗涤模式和洗衣液用量，让家务劳动变得更加轻松高效。

此外，物联网技术还将渗透到家居生活的方方面面。智能家居系统通过物联网连接家中的各种设备，如灯光、空调、安防系统等，实现远程控制、智能联动。用户只需通过手机或语音指令，就能轻松调节家居环境，享受更加舒适、便捷的生活体验。这些看似科幻的场景，随着物联网技术的不断成熟与普及，正逐步成为现实，引领我们迈向一个更加智能、美好的未来。

2. 物联网对内部会计环境的影响

（1）物联网引领企业组织结构扁平化转型

在科技日新月异的今天，每一次技术飞跃都深刻重塑着企业的骨架与灵魂。信息技术的浪潮，不仅推动了全球经济结构从物质密集型向知识密集型的华丽转身，更预示着新一轮产业革命的兴起。物联网技术，作为这一浪潮中的璀璨新星，正引领着一场前所未有的产业变革。它预示着旧有产业的式微与新业态、新产品、新服务的蓬勃兴起，如同春雨后破土而出的嫩芽，有着无限生机与活力。

在这场变革中，企业的组织结构与管理模式经历着深刻调整。物联网技术的应用，促使生产方式向网络化、数字化、智能化方向迈进，使得产品的设计、制造、销售乃至售后服务等环节紧密相连，形成了一个高度协同的生态系统。这种转变直接催生了小批量、个性化的生产模式，满足了市场日益多元化的需求，同时标志着以质量和效益为核心的集约型生产方式逐渐取代了过去那种依赖于数量扩张和高资源消耗的粗放型模式。更重要的是，物联网技术加速了企业组织结构的扁平化进程，金字塔式的垂直管理体系逐渐让位于更加灵活、高效的网络式水平管理模式，减少了决策层级的数量，加快了信息传递速度，提升了组织的响应能力和创新能力。

（2）物联网技术促进企业内部职能部门的无缝协同

尽管计算机与互联网技术已在企业管理中广泛应用，显著提升了信息流通的速度与效率，但“信息孤岛”现象仍是企业的一大顽疾。尤其是对于规模庞大的企业而言，由于各系统间相对独立，缺乏有效整合，导致信息流动不畅，协同效率低下。物联网技术的出现，如同为企业内部的信息流动铺设了一条高速公路，使得各个职能部门之间能够实现智能化沟通。

通过物联网，企业可以构建一个全面覆盖、高度集成的综合网络系统。在这个系统中，无论是人还是物，都被赋予了智能化的沟通能力，能够实时共享信息、协同工作。这意味着，从原材料采购到产品制造，从库存管理到物流配送，从市场营销到客户服务，每一个环节都能紧密衔接，形成高效运转的整体。物联网技术不仅消除了部门间的信息壁垒，还促进了资源的优化配置与高效利用。

二、物联网环境下的会计信息化建设实现路径

（一）会计信息化存在的不足

1. 思想认识不足

（1）会计信息系统研发中的认知偏差与挑战

在推进会计信息化的过程中，对会计信息系统的研发与设计持有准确认知是至关

重要的。然而，当前实践中却普遍存在着若干认知误区，这些误区不仅阻碍了会计信息系统的有效实施，还对企业资源造成了不必要的浪费，削弱了企业对于会计信息化建设的信心与热情。

首先，对会计信息系统的定位失准是首要问题。部分研发项目忽视了企业的实际管理现状与具体需求，盲目追求系统的全面性与先进性，却未能充分考虑到企业的承受能力与实际效益。这种“贪大求全”的心态，往往导致企业所研发的系统架构复杂、成本高昂，而实际应用效果却不尽如人意，既未能显著提升工作效率，又占用了大量宝贵资源，最终影响了企业对会计信息系统建设的持续投入意愿。

其次，缺乏深入细致的系统分析与市场调研也是一大障碍。会计信息系统的研发应当建立在对企业业务流程、管理模式及未来发展方向深刻理解的基础之上。然而，现实中不乏急于求成、未经充分论证便仓促开始的项目，这些项目往往因缺乏对企业实际需求的精准把握，而开发出与企业运营实际脱节的系统，难以有效融入企业日常会计工作，更无法实现预期的优化管理、提升决策支持等目标。

最后，会计信息系统的成功应用与推广还需依赖完善的制度保障与配套措施。然而，当前许多企业在系统上线后，却未能及时跟进相应的管理制度与操作规范建设，导致系统操作不规范、数据质量参差不齐，严重制约了会计信息系统效能的充分发挥。这种制度建设的滞后，不仅影响了系统的稳定运行与持续优化，也削弱了会计信息化对企业整体管理水平的提升作用。

（2）会计信息化理论研究的缺失与长远影响

会计信息化作为会计领域的一场深刻变革，其发展历程伴随着传统会计理念的持续突破与新会计理论、方法的不断涌现。然而，从我国会计信息化建设的现状来看，理论研究的滞后性已成为制约其进一步发展的关键因素。

回顾会计信息化建设的历程，我国已取得了显著成就，会计信息系统在企业中的应用日益广泛，为企业管理决策提供了有力支持。然而，与此形成鲜明对比的是，会计信息化理论建设明显滞后于实践发展。这种滞后性在短期内可能表现为对会计信息化建设进程的渐进性影响，但在长期内，它将严重制约我国会计信息化建设，甚至可能使我国在全球会计信息化浪潮中错失先机。

造成这种滞后性的根本原因在于人们对会计信息化理论研究重视程度的不足。一方面，部分企业与学者过于追求短期效益，忽视了理论研究对实践发展的长远支撑作用；另一方面，理论研究经费的匮乏与研究积极性的低迷也进一步加剧了这一困境。这种短视行为不仅限制了会计信息化理论的创新与发展，也削弱了会计信息化实践的理论根基，使得我国会计信息化建设在面临复杂多变的市场环境时缺乏足够的理论指导与支撑。

因此，加强会计信息化理论研究已成为当务之急。只有通过深入系统的理论研究，才能为会计信息化建设提供坚实的理论支撑与方向指引，推动我国会计信息化事业持续健康发展。

2. 缺乏复合型会计信息化人才

在信息技术日新月异的今天，会计信息化已成为企业发展的必然趋势，而这一进程的核心推动力，无疑是企业中的会计人员。会计人员的专业素养，如同引擎之于汽车，直接关乎会计信息化在企业内部应用的深度与广度。相较于传统会计角色，当代会计人员面临着更为复杂多元的知识结构要求。

信息技术时代的会计人员，不再仅仅是数字的守护者，更是技术的驾驭者。他们不仅需要精通会计学的基本原理与实务操作，更需掌握扎实的计算机技术、互联网知识，以及会计信息系统研发的基础理论。这种跨界融合的能力，是会计人员在数字化浪潮中立足的关键。然而，现实情况却不尽如人意，许多企业的会计人员综合素质尚待提升，尤其是在以下几个方面存在短板：

首先，对会计信息系统软件的认识与理解不够全面。会计信息系统作为会计信息化的核心载体，其功能的发挥依赖于会计人员对其架构、流程与操作逻辑的深入理解。但当前，不少会计人员仅停留在软件表面操作层面，缺乏对系统内在逻辑的深入探究，这限制了他们对软件的充分利用与优化。

其次，财务软件应用技能欠缺。会计信息化要求会计人员能够高效、准确运用财务软件处理日常会计工作。然而，实践中许多会计人员对财务软件的操作不够熟练，对于软件提供的高级功能更是知之甚少，这直接影响了工作效率与数据质量。

最后，故障排查与解决问题的能力不足。在软件使用过程中，难免会遇到各种故障与问题。而当前部分会计人员由于缺乏必要的计算机技术与系统维护知识，面对软件故障时往往束手无策，只能依赖外部技术支持，这不仅延长了问题解决时间，也增加了企业的运营成本。

3. 会计财务软件缺乏通用性和标准性

财务软件，作为计算机技术赋能会计领域的产物，其初衷在于通过高度定制化的软件解决方案来满足企业多样化的财务管理需求。然而，当前财务软件市场普遍面临的一个显著挑战便是通用性与标准性的缺失，这一现状不仅制约了财务软件的广泛应用与规模化发展，也对企业的会计信息处理与信息共享造成了不利影响。

首先，通用性的不足限制了财务软件的市场渗透力。理想的财务软件应当具备灵活适应不同企业规模、行业特点及业务流程的能力，而当前市场上许多财务软件往往过于专注于特定场景下的深度定制，忽视了跨企业、跨行业的通用解决方案的开发。这种碎片化的发展模式不仅增加了企业的选择成本，也阻碍了财务软件市场的统一与整合，限制了其规模化应用的潜力。

其次，标准性的缺失影响了会计信息的互操作性与共享性。在缺乏统一标准的环境下，不同财务软件之间的数据格式、处理逻辑及输出报告差异显著，这导致企业的会计信息难以在不同系统间流转与共享。对于外部信息需求者而言，这种信息孤岛现象增加了数据获取与整合的难度，降低了会计信息的利用价值。同时，对于企业内部而言，标准性的缺失也增加了跨部门、跨系统协作的复杂性，影响了工作效率与决策效果。

针对上述问题，财务软件行业亟需加强标准化与通用化建设。一方面，应推动建立统一的财务软件开发标准与数据交换协议，促进不同软件之间的互操作性与兼容性；

另一方面，鼓励财务软件厂商开发更加灵活、可配置的通用解决方案，以满足不同企业的基本需求，并在此基础上提供定制化服务，以应对特定场景下的特殊需求。这些措施的实施，有望打破当前财务软件市场的壁垒，推动财务软件行业的健康发展，并为企业会计信息的高效处理与广泛共享奠定坚实基础。

（二）物联网环境下会计信息化建设

1. 建设前提

会计信息化的发展历程，经历了两次显著的飞跃，这两次飞跃均紧密依托于计算机技术的大规模应用与互联网技术的成熟与普及。可以说，没有计算机与互联网技术的普及，会计工作的信息化转型便难以落地实施。如今，随着物联网技术的兴起，会计信息化建设又站在了新的起点上，而物联网技术的成熟与普及，无疑是推动这一进程的关键力量。

然而，我国物联网产业的发展并非一帆风顺，当前仍面临着一系列挑战与问题。首先，商业模式的不成熟限制了物联网应用的广泛推广。由于缺乏清晰可行的盈利模式，许多物联网项目难以持续运营，影响了投资者的信心与市场的拓展。其次，物联网体系的不完善也是一大瓶颈。从感知层到网络层，再到应用层，物联网涉及的技术环节众多，需要各环节之间紧密协作、无缝对接，但目前尚未形成完善的产业生态体系。

此外，物联网的应用开发过度依赖运营商和物联网企业，缺乏广泛的行业参与与跨界合作。这导致物联网应用案例相对单一，难以满足不同行业、不同企业的多样化需求。同时，技术标准的不统一也是制约物联网发展的重要因素。不同厂商、不同平台之间的技术壁垒阻碍了数据的互操作性与系统的兼容性，增加了物联网应用的成本。

关键的是，相关政策及法规的不完善也在一定程度上制约了物联网产业的健康发展。物联网涉及数据安全、隐私保护、频谱管理等敏感领域，需要完善的法律法规体系来规范市场秩序、保障各方权益。然而，目前相关政策法规尚不健全，难以有效应对物联网发展带来的新挑战与新问题。

2. 理论支撑

在学科进步的征途中，理论支撑始终是引领变革的灯塔。计算机理论与会计信息化理论的深度融合，为会计信息化工作的蓬勃发展铺设了坚实的基石。如今，随着物联网技术的浪潮汹涌而至，会计信息化理论再次被赋予了新的使命，成为指引物联网时代下会计信息化建设的关键力量。

物联网技术的迅猛发展，不仅为会计实践带来了前所未有的机遇，也对传统会计理论构成了新的挑战与冲击。这一背景下，会计主体的界定变得愈发复杂与模糊，如何在新兴技术环境中明确会计主体的边界，成为会计理论亟待解决的新课题。同时，物联网技术赋予会计信息以高度的及时性与动态性，传统会计分期制度面临革新需求，要求更加灵活的时间划分，以适应瞬息万变的市场环境。

在会计要素的确认、计量与记录层面，物联网技术的引入更是引发了深刻的变革。随着无形资产在企业价值构成中占比的日益提升，会计确认标准亟需扩展，以全面反映企业的真实财务状况与经营成果。而物联网技术带来的信息即时传递特性，则为公允价值计量提供了更为便捷的操作平台，使得会计信息能够更加贴近市场实际，反映资产的真实价值。

重要的是，物联网技术的应用深刻改变了会计的职能定位。它促使会计人员从繁重的核算与监督工作中解脱，转而聚焦于更高层次的管理与决策支持。通过实时收集、处理并传递会计信息，会计人员能够为企业管理层提供更加精准、及时的决策依据，从而最大限度地发挥会计的管理职能，推动企业价值的最大化实现。

3. 建设目标

物联网技术的融入，深刻重塑了会计核算与监督的智能化进程，极大地提升了会计工作的效率与精准度。

在会计核算层面，物联网技术通过 RFID 等实现了会计信息获取的自动化与智能化。从产品采购到生产、物流、交易等环节，RFID 电子标签及感应设备自动捕捉并处理数据，确保了会计信息的源头真实可靠，减少了人为干预，增强了核算的客观性与准确性。信息处理环节同样实现智能化，会计信息系统即时导入并处理数据，确保数据更新与业务流程同步，全程自动化处理流程提升了效率与质量。会计报告亦因此智能化，物联网技术标准体系的建设推动了财务报告的跨语言、跨平台应用，内容精简高效，提升了信息的相关性、趋同性与共享性，为决策者提供了更为及时、精准的决策支持。

会计监督方面，物联网技术促进了“三流合一”的实现，即物流、资金流与信息流的深度融合。企业能够实时掌握资产状态与业务动态，通过综合分析来精准识别管理短板，优化经营策略。同时，物联网打破了组织界限，促进了内外部信息的无缝对接与协同。内部，管理系统与财务信息系统的融合，让管理者能够远程实时监控业务，提升管理效率；外部，与供应商、客户乃至竞争对手的数据链接，增强了企业的风险管理能力与市场竞争力。这一系列变革，共同推动了会计监督的智能化升级，为企业稳健发展提供了坚实保障。

4. 建设途径

会计信息化，根植于电算化的深厚土壤，其发展步伐与电算化技术的创新紧密相连。而电算化技术的核心驱动力，无疑在于会计信息化软件的不断精进。软件，作为电子计算机的精髓，其设计质量直接关乎会计信息系统构建目标的达成。因此，推动会计信息化进程的关键，在于构建高效、先进的会计信息化软件系统。

每一次会计信息化的发展，都是会计与信息技术深度融合的里程碑，标志着会计工作向智能化迈进的坚实步伐。在物联网时代背景下，会计信息化建设更是需要会计信息化理论的引领，以及物联网技术与会计实务工作的深度融合。其核心在于构建“物物互联”的会计信息化系统，重塑企业会计信息系统的架构。

具体而言，物联网技术为企业会计信息系统带来了三大变革：一是动态化控制，实现“万物互联”后，企业原料、设备等所有元素均被纳入实时动态监控体系，管理者可随时随地掌握物品位置、原材料消耗及工程费用等关键信息，实现对企业会计要素的动态精准控制；二是多维度核算，依据原始数据，根据不同管理需求进行多角度分类、汇总与分析，构建多维度核算体系，满足企业复杂多变的财务管理需求；三是场景式管理，物联网技术让数据信息记录方式发生根本性变革，电子芯片嵌入物体，存储视频、音频、图片等多媒体信息，通过搜索模式即可快速回溯设备全生命周期信息，实现场景化、可视化的会计信息利用与管理。这些变革共同推动着会计信息化向更高层次发展，为企业决策与管理提供强大支撑。

参考文献

[1] 徐晓鹏，杨静，王生贵. 大数据与智能会计分析 [M]. 重庆：重庆大学出版社，2023.

[2] 代冰莹，雷舒靓，樊姣姣. 财务会计在企业中的应用研究 [M]. 北京：中国商务出版社，2023.

[3] 魏攀，李欣欣，刘丽霞. 现代财务会计及其会计信息化研究 [M]. 北京：中国商务出版社，2023.

[4] 韦姿百，王硕. 大数据背景下会计信息化系统创新与发展 [M]. 北京：中国书籍出版社，2023.

[5] 汪一宁，牛书宇，梁淑文. 会计理论及其信息化发展研究 [M]. 北京：中国商务出版社，2023.

[6] 张爱民，蔡雅平，严云露. 财务会计相关理论与应用研究 [M]. 北京：中国商务出版社，2023.

[7] 蔡智慧，绳朋云，施全艳. 现代会计学与财务管理的创新研究 [M]. 北京：中国商务出版社，2023.

[8] 许本锋. 大数据与管理会计 [M]. 北京：经济日报出版社，2022.

[9] 郭亿方，宁丽鹏，杨志欣. 财务会计与管理研究 [M]. 延吉：延边大学出版社，2022.

[10] 柴慈蕊，赵娴静. 财务共享服务下管理会计信息化研究 [M]. 长春：吉林人民出版社，2022.

[11] 李婉丽，雷永欣，闫莉. 企业管理会计与财务管理现代化发展 [M]. 北京：中国商务出版社，2022.

[12] 李贺. 管理会计：第2版 [M]. 上海：上海财经大学出版社，2022.

[13] 赵丽辉. 会计发展与改革探索 [M]. 延吉：延边大学出版社，2022.

[14] 孙桂春. 会计改革与管理的创新研究 [M]. 延吉：延边大学出版社，2022.

[15] 王保忠. 会计制度变迁与经济发展 [M]. 西安：西安交通大学出版社，2022.

[16] 李伟，尹美群，陈咏英. 管理会计 [M]. 天津：南开大学出版社，2021.

[17] 王华，王玮，蔡永斌. 管理会计 [M]. 上海：同济大学出版社，2021.

[18] 孙述威. 管理会计 [M]. 北京：北京理工大学出版社，2021.

[19] 赵磊，杨秋歌，杨晓征. 财务会计管理研究 [M]. 长春：吉林出版集团股份有限公司，2021.

[20] 张星，马雪莹，张盼. 会计信息化综合实训教程：第2版 [M]. 上海：立信会计出版社，2021.

[21] 曲柏龙，王晓莺，冯云香. 信息化时代财务工作现状与发展 [M]. 长春：吉林人民出版社，2021.

[22] 董煜，吴红霞. 会计信息化 [M]. 天津：天津科学技术出版社，2020.

[23] 王海燕，王亚楠. 会计信息化教学研究 [M]. 长春：吉林大学出版社，2020.

[24] 卿笃炼. 会计信息化初级实务操作教程：T+版 [M]. 上海：立信会计出版社，2020.

[25] 蒋建俊，费金华，陈国平，等. 会计信息化初级实务操作教程：T3版 [M]. 上海：立信会计出版社，2020.

[26] 路秦. 云会计信息系统面向财务业务一体化 [M]. 上海：上海交通大学出版社，2020.

[27] 杜丽，杨高武. 会计电算化：第2版 [M]. 北京：北京理工大学出版社，2020.

[28] 何克理. 会计信息化 [M]. 上海：上海财经大学出版社，2019.

[29] 刘勤. 管理会计信息化发展的理论与实务［M］. 上海：立信会计出版社，2019.
[30] 张星. 会计信息化综合实训教程［M］. 上海：立信会计出版社，2019.
[31] 仲旦彦. 当代会计信息化原理与应用研究［M］. 北京：北京工业大学出版社，2019.
[32] 韩吉茂，王琦，渠万焱. 现代财务分析与会计信息化研究［M］. 长春：吉林人民出版社，2019.
[33] 朱竞. 会计信息化环境下的企业财务管理转型与对策［M］. 北京：经济日报出版社，2019.
[34] 李雄平. 信息化背景下会计领域的新发展［M］. 成都：四川大学出版社，2019.
[35] 陈英蓉. 基础会计电算化实务［M］. 北京：北京理工大学出版社，2019.